從考古看中國

全國哲學社會科學工作辦公室　編

中華書局

目錄

史料傳承篇

百年考古成就斐然　中華文明輝煌燦爛
（代序）

王　巍

　　1921 年河南澠池仰韶遺址的發掘，正式揭開了中國現代考古學的大幕。從仰韶遺址的科學發掘起步，中國現代考古學已走過百年歷程。幾代考古人始終秉承嚴謹求實的科學精神，篳路藍縷，艱辛探索，薪火相傳，取得了一系列重大成果，展示了中華文明起源和發展的歷史脈絡，展示了中華文明的燦爛成就，展示了中華文明對世界文明的重大貢獻。現將百年考古成果及其所揭示的中華文明起源發展脈絡和輝煌成就擇要敘述如下。

探索中華大地人類起源，科學回答了「我從哪裏來」

　　1. 考古遺址證實距今 200 萬年前的中華大地已有古人類生活。陝西藍田上陳古人類遺址的古地磁測年為 210 萬年到 130 萬年前，著名的藍田遺址最新的測年數據為距今 163 萬年前。河北陽原馬圈溝遺址測年為距今 160 萬年，其下文化層的年代可到 178 萬年至 180 萬年前。

　　雲南元謀人距今 170 萬年。上述舊石器時代早期的發現證明，中華大地出現人類的年代確實可以早到距今 180 萬年乃至 200 萬年前，證明

中華大地是世界上早期古人類活動的重要地區之一。

2. 展示了距今 50 萬年前古人類生活場景。北京周口店龍骨山發現的古人類居住遺跡、製作石器、食用動物，已形成一套成熟的以石片製作石器的工藝傳統。特別是周口店人的用火遺跡，展示出距今 50 萬年前後的人類已經學會了用火，這是古人類具有重大意義的進步。

3. 基於考古材料探討東亞地區現代人的起源。近年來，考古工作者對河南滎陽織機洞、老奶奶廟等多個距今 6—3 萬年的遺址開展發掘，獲得了豐富的人類活動遺跡和遺物，彌補了這一時期遺址發掘成果較為缺乏的薄弱環節。結果顯示，這一時段，中國北方和南方地區都有古人類生活。特別值得一提的是，他們的石器製作技術和生活行為等方面仍然沿襲了本土自北京猿人時期已經形成的以石片石器為主的文化傳統。與此同時，在新疆通天洞、山西水洞溝、鄭州西施等少數遺址發現了以歐亞草原流行的獨特工藝技術製作的石器，表明有少量外來的人羣進入到中國西北地區，但他們並未取代原有的人羣及其文化傳統。體質人類學的研究也表明，距今 4.5 萬年前後東亞地區的現代人中，有鏟形門齒的佔比高達 80% 以上，沿襲了從藍田人和北京猿人已經形成的特點，而非洲的古人類中，鏟形門齒佔比還不到 10%。這表明所謂的非洲中東部的智人是現代人共同祖先的「夏娃理論」是站不住腳的。在中華大地上，豐富的考古材料無不顯示，以元謀猿人、藍田猿人和北京猿人為代表的古人類，實為現代中國人的祖先。

追溯中華文明的起源與發展歷程

一百年來，中國考古人在探索中華文明起源及發展過程、多民族統

一國家的形成和發展、中華文明的世界貢獻等方面，取得了顯著成就。而其中，中華文明起源與發展不僅是最重要的研究內容，也是幾代考古人孜孜以求的重大使命。在一代又一代的考古人勤奮耕耘、潛心研究下，一幅中華文明起源與發展的清晰輪廓展現出來。

1. 揭示了各區域文明的形成過程和中華文化基因的孕育。通過對黃河流域、長江流域和西遼河流域等地的主要遺址的考古發掘，結合多學科綜合研究的成果，表明從距今 6000 年左右開始，在黃河上中下游、長江上中下游和西遼河流域等地區，在農業發展的基礎上，精神生活日益豐富，隨着剩餘財富的出現，各地區相繼開始出現社會分化和顯貴家族。距今 5300 年前後，黃河中下游、長江中下游和遼河流域等區域最初的文明（古國文明）相繼形成。

在河南中部，湧現出多個面積從 50 萬左右到 100 多萬平方米的大型聚落，其中以鞏義雙槐樹遺址面積最大，其現存面積達 117 萬平方米。與此同時，在甘肅中部的秦安大地灣遺址也出現了 100 多萬平方米的大型聚落，遺址中部有一座面積為 420 多平方米的高等級建築，以中軸線貫穿，前、後兩座主體建築，東西兩側廂房對稱，左中右三門格局，開創中國古代宮殿佈局的先河。雙槐樹遺址與大地灣遺址一東一西，可能分別是河南中部和陝北隴東地區兩大「古國」的都邑，上百萬平方米的巨型聚落中大規模高等級建築所表現出的懸殊的社會分化已初具文明社會樣貌。在長江下游的安徽含山凌家灘遺址，發現面積達 100 多萬平方米的大型聚落，分為祭祀區、居住區、墓葬區。

一座大墓中有 300 多件隨葬品，其中有玉龍、玉龜、玉鳥和玉人等，以及幾十件玉石鉞。在遼寧西部的牛河梁遺址羣，發現面積達上萬平方米、石塊砌築的大型平台。附近發現一座形狀奇特的建築，裏面出

土有泥塑的女人像和龍、熊、猛禽的塑像，附近的一些山頭上分佈着石砌的圓形祭壇和方形的大型石砌墓葬，墓內隨葬玉龍、玉鳥、玉龜、玉人、玉璧等玉器。兩地的權貴墓葬都隨葬玉器，且玉器的種類非常相似，甚至玉人手臂併攏舉於胸前的姿勢也完全相同，這當非偶然，說明當時在社會上層存在一個相互作用圈。這一情況表明，在距今 5000 多年前，中華大地各個區域文明之間曾發生過直接或間接的聯繫，在龍的信仰、以玉為貴等理念方面形成了共性。這些共性正是後來中華文化的重要基因，說明在距今 5000 多年前，在中國已經出現了多元一體的中華文化的雛形。

2. 揭示了各地文明化進程模式的差異。由於不同的自然環境和生業基礎，距今 5000 年前中華大地上的各個區域發展形成各具特色的初期文明。如長江中下游地區的史前文化以稻作農業為基礎，家畜主要是豬。從出土各種與祭祀有關的玉器和陶製品來看，該地區原始宗教色彩濃厚。黃河流域和遼河流域的史前文化則主要種植粟和黍，黃河中下游地區還種植少量的稻和麥，飼養豬以及牛和羊。與此同時，各個區域的文明保持着較為密切的聯繫，逐漸形成了後來成為中華文明核心基因的共性因素。如從距今 9000 年前在黑龍江饒河小南山遺址中發現目前年代最早的玉鐲、玉耳環和玉墜等裝飾品起，到距今 8000 年的以玉為美和距今 5500 年到 4500 年的以玉為貴，再到夏商周時期的以玉藏禮，最後到漢代的以玉為瑞的觀念；不晚於距今 6000 年前發源於中原地區的龍的信仰；以祖先崇拜作為主要的信仰對象；天人合一的思想、禮儀制度、和合思想、以民為本思想等。在距今 4300 年前後，由於環境變化和社會內部變化等原因，長江上中下游、黃河上游和下游、遼河流域等曾盛極一時的區域文明相繼發生衰變，而中原地區則呈現出一

股持續發展、快速崛起的態勢。

　　同樣是距今 5000 多年前的區域文明，黃河中游地區的大型墓葬中隨葬品很少，且極少見玉器，沒有顯示出濃厚的原始宗教色彩，沒有把大量的人力物力用於製造奢華的玉器、依靠對神的祭祀權的壟斷來顯示和維持自己的權威，這裏的人們比較世俗，比較務實，注重發展生產，注重通過禮制維持集團內部等級秩序，並通過結盟等形式不斷壯大力量，形成了獨具特色的中原地區文明起源道路。中原粟黍稻麥豆五穀種植體系的齊全，在抵禦自然災害方面的能力也強於其他地區，有可能還在一定範圍內治理了水患，使中原地區集團得以持續發展，加之對周邊地區先進文化的廣泛吸收，使得以中原地區為中心的歷史格局開始孕育。

　　而山東泰安大汶口遺址和章丘城子崖遺址代表了海岱地區文明化進程的關鍵節點。在黃河下游的海岱地區，在距今 5000 年前後，呈現出文明化進程加速的情形。大汶口遺址的墓葬出現了明顯的貧富分化。進入距今 4300 年左右的龍山時代，社會分化愈加嚴重。陶製酒器、木質棺槨等發源於海岱地區的文化因素被中原地區所吸收。

　　距今 4300 年左右，長江流域的良渚文明由於海平面上升導致地下水位上升，使得原來由低濕地沼澤開墾來的大量稻田再次淪為沼澤，農業遭受毀滅性打擊。與之相對應的是，黃河中游地區的文明化進程卻進一步發展。在晉南地區，出現了面積達 280 萬平方米的陶寺遺址，城內興建了最早的宮城。在城南部發現觀測天象、決定時令節氣的觀象台。在城內的公共墓地內，大型墓葬位於其中一個區域，墓中隨葬品達上百件，同時發現了反映墓主王者身份的鼉鼓、石磬、龍盤和象徵軍事權力的玉石鉞；而大量普通社會成員的墓壙則不僅狹小，而且往往沒有隨葬品。可以看出當時貧富貴賤分化非常懸殊，形成了集軍事權與社會管理

權於一身的王者及地位顯赫的家族，出現了早期國家，進入到邦國文明社會。陶寺城址的地理位置和時代同古史傳說中堯的分佈範圍和年代恰相吻合，極有可能是堯的都城—平陽。

3. 展現了中華文明起源與發展的脈絡 —— 早期中國的形成與發展。在安徽蚌埠禹會村遺址，發現了由一個方台、一排旗杆、陶器組成的宴飲場所，這很可能是禹會諸侯與塗山盟誓的場所。正是因為中原地區的勢力集團採用了廣結盟友、壯大力量的策略，其力量不斷發展壯大。夏王朝建立後，形成了都城佈局、宮室格局、青銅禮器、玉石禮器和陶禮器等一整套規制，其中很多內容被後來的商、周乃至其後歷代王朝承襲和發展。夏王朝後期，禮儀玉器之一的牙璋向周圍廣大地區強烈輻射，東達黃河下游的海岱地區、西至黃河上游的甘青地區、北抵黃河中游的河套地區、南到華南地區，甚至越南北部都出土了中原王朝創造的牙璋，形成了一個前所未有的以中原王朝為中心的中華文化影響圈。商王朝時期，承襲了夏王朝的禮儀制度、青銅容器工藝技術與理念，形成了本王朝一整套的青銅和玉石禮器。商王朝與周圍廣大地區的方國保持時遠時近的關係，商王朝的禮樂制度和冶金技術向周圍地區廣泛傳播，產生了廣漢三星堆等獨具特色又與商王朝保持密切聯繫的方國文明。西周王朝建立後，通過分封制將周王至親和重臣分封各地，建立諸侯國，成為拱衞西周王朝的屏障，有效鞏固了中原王朝對全國的統治。

綜上所述，百年中國考古學，特別是中華文明探源工程的實施，把中華文明的產生時間提前到距今 5000 多年，將「中華文明五千年」從傳說論證為可信的歷史；追溯了中華文明起源與發展的過程、揭示了中華文明的豐富內涵，展現了各地區文明起源、發展的歷史場景，為增強中華民族的文化自信提供了資料和證據。

展現中華史前文化的輝煌

1.**考古證實中國史前的彩陶文化為本土起源**。通過百年來中國考古學家的發掘和研究，大量的實物資料和研究成果證明，距今 1 萬年以來的中國黃河、長江和遼河流域的史前文化都是本地區土生土長的，具有清晰的自身發展脈絡。在湖南道縣玉蟾巖、江西萬年仙人洞、廣西桂林甑皮巖等遺址，均出土了距今約 1.3 萬年前的陶器，這表明此時中華大地的先民們已掌握製陶技術，並比被認為是文明發生最早的西亞地區早4000 多年。中國境內彩陶出現的時間可以早到距今 9000 年前，黃河流域彩陶出現的時間也早到 7000 年前，早於歐亞大陸彩陶出現的年代。這一考古發現使「中國史前文化西來說」不攻自破。

2.**展示中華史前先民的發明創造**。考古材料表明，中華史前先民們的發明創造很多。這裏僅選擇跟生產、生活密切相關者，簡要敘述一些，以見一斑。

考古發現表明，稻、粟、黍的栽培都以史前中國為最早，是中華先民們對人類文明做出的卓越貢獻。距今 5000 年前後，這幾種農作物的栽培技術向東亞（朝鮮半島和日本列島）、西亞和東南亞等地區傳播，對這些地區人類生活和社會發展發揮了關鍵作用。距今 5500 年前後在長江下游地區崧澤文化晚期遺址中，出現了裝在木製犁具上的石犁頭。良渚文化遺址中，石犁的出土數量顯著增多，並在稻田中發現牛的腳印，這表明牛拉犁的耕作方式已在長江下游普及。

在河南舞陽賈湖遺址出土了豬的遺骸，經過動物考古學家的分析，被認定是 9000 年前被馴養的家豬，這是目前世界上最早的家豬。專家們還對賈湖遺址和上山遺址出土的陶器中的殘留物成分進行分析，都發現

了以大米為主要原料、以山楂和蜂蜜為輔料造的酒，這是世界上最早的酒，時間在距今八九千年前。在賈湖遺址中，出土了 8000 多年前的麻織物殘片。

在浙江杭州蕭山跨湖橋遺址出土了距今約 8000 年前的獨木舟，長度近 8 米，說明當時已經具備遠離岸邊的水上航行能力。

近年，在新疆尼勒克縣吉仁台溝口遺址距今約 3500 年前後的村落居住區發現了製作銅器遺留下來的煤塊和煤渣。這是世界上迄今所見年代最早的以煤作燃料的發現，把我國用煤歷史從漢代提前了近 1500 年。

大約距今 5000 年前，冶金術從西亞傳入我國西北地區。大約距今 4500 年左右傳入黃河中游地區後，技術取得了顯著進步。在山西陶寺遺址出土了距今 4000 多年，迄今我國境內發現最早的銅鈴和銅容器殘片，說明當時已經掌握了用內范和外範來鑄造銅器的技術，為夏商周時期青銅鑄造技術的發達奠定了基礎。

3. 觀測天象，認識自然 —— **史前先民先進的宇宙觀。**在浙江烏鎮橋頭遺址，塗紅色陶衣的陶器表面發現了用白色繪出的太陽紋圖案，表明上山文化晚期的先民們已經產生了對太陽的崇拜。在河南濮陽西水坡遺址仰韶文化早期（距今 6000 多年）的一座墓葬中，發現墓主人的身體東西兩側用貝殼堆塑出龍和虎的形象。這是迄今所見最早的龍的形象，與戰國到漢代流行的東青龍、西白虎的方位完全吻合，這說明中國古代的很多信仰可能具有久遠的史前淵源。在距今約 5300 年前的河南鞏義雙槐樹和滎陽青台遺址，出土了多件表面繪有八角星彩色圖案的陶罐，還發現了把多件陶罐按照北斗星的形狀埋在地面的現象，表明當時中原人們已經對日月星辰的運行以及所表示的農事季節有所了解。在距今 5500 — 5000 年的牛河梁遺址祭祀遺址羣，發現了呈三重圓形的祭壇，為古代圜

丘的起源提供了線索。在山西陶寺遺址發現了疑似以太陽光照射的位置判斷農事節氣的觀象台，經過有關專家模擬觀測和研究，證明這個遺跡確實可以通過觀測太陽從東側的塔兒山升起時陽光照射進來的角度判斷春分、秋分、夏至、冬至等重要農事節氣，從而證明早在距今 4200 年前，黃河中游地區的人們就已經掌握了農事節氣，印證了《尚書》記載的堯「觀象授時」的記載。

4. 進入歷史時期後中華文明的發明創造。銅器製作技術的進步。在夏代後期都城二里頭遺址，宮城附近發現官營的青銅器作坊，貴族墓中出土爵、斝、盉、鼎等精緻的青銅禮器，說明工匠已經較熟練地掌握了這些青銅容器的鑄造技術。商代晚期，青銅鑄造技術達到完善，可以製造出重達 800 多公斤的大鼎。商王武丁妻子婦好的墓葬中，隨葬青銅器達 400 多件，反映出商王朝工匠具有的高超技藝。三星堆出土的大型銅人像高達 2.6 米，神樹高達 3.5 米，反映出古蜀文明接受了商王朝冶金術之後實現了自身的發展與創新。春秋戰國時期，青銅容器的製作技術達到了高峰，造型、鑄造、鑲嵌等工藝達到爐火純青的程度。

冶鐵術的引入和創新。冶鐵術是大約在距今 3000 多年前從西亞傳入我國的。河北槁城台西遺址出土了商代中期的鐵刃銅鉞，表明我國商代先民已經了解了隕鐵的性質。此後冶鐵術不斷進步，至春秋戰國時期，以吳王夫差劍和越王勾踐劍為代表，鋼鐵熱處理工藝達到了高峰。漢代以後，冶鐵業大發展，冶鐵技術也顯著進步，發明了炒鋼、灌鋼等金屬熱處理工藝技術，促進了漢代以後生產力的發展，這些工藝技術比歐洲早了上千年，在當時的世界範圍內遙遙領先。

精湛的漆器製作技術。距今 8000 年前已經出現於長江下游地區的漆器製作技術在春秋戰國到西漢時期達到了頂峰。戰國到漢代的漆器以曾

侯乙墓和馬王堆漢墓出土漆器為代表，不少漆器表面還有精美的漆繪圖案，巧奪天工。

出土醫書反映 2000 多年前中醫的發達。20 世紀 70 年代初湖南長沙馬王堆漢墓出土的墓主人尸體保存完好，出土時皮膚尚有彈性，反映了當時高超的防腐技術。墓中出土了帛醫書 10 種和 200 支竹木簡醫書，均為已失傳的醫書。四川成都老官山 3 號漢墓出土 920 根竹簡和 50 餘枚木牘，內容十分豐富，有治療內科、外科、五官科、皮膚科、婦科的藥方，還有醫治馬匹疾病的獸醫醫書，被認為極可能是失傳的扁鵲醫書。墓中出土一件通體髹漆的木人像，身上用紅色或白色線條描繪出人體經絡和穴位，是迄今發現最早最完整的經絡穴位的人體醫學模型，證明西漢早期中醫針灸學已達極高水準，形成了較為完整的人體經脈穴位理論體系。

揭示統一多民族國家的形成與發展過程

夏代後期都城二里頭遺址的宮城，位於都城正中，宮城內多座宮殿的格局體現出中軸線、左右對稱，前後幾進院落的規制。這一規制在距今 5000 年前的黃河中游地區的中心性遺址已經初見端倪，到了夏王朝後期已經規範化，成為中國歷代王朝宮殿格局的雛形。夏王朝創造的以酒器為主的青銅容器，以石磬、鼓和銅鐘構成的樂器，以玉戈、玉璋、玉刀、玉鉞構成的儀仗用具等表明貴族等級身份的禮器制度，對周邊廣大地區產生了強烈影響，並為商周王朝所繼承。

商王朝的青銅容器製作精美，已成為中國青銅文明的傑出代表，其銅器造型、製作工藝以及體積在世界各地的青銅文明中首屈一指。

通過各種途徑，商王朝使各地的方國接受其禮器及銅器製作技術，逐漸處於王國文明的核心地位。江西新幹大墓和四川廣漢三星堆祭祀坑出土的商王朝系統的青銅禮器，種類和形制方面則與殷墟出土的同類青銅禮器大同小異，反映出商王朝對周邊方國的強烈影響。在新幹大墓中，許多青銅容器多以虎形作為裝飾，應是當地方國的風格。三星堆遺址祭祀坑出土的與商王朝風格接近的銅尊和銅罍，同時又出土的大量銅人像、銅面具、金面具以及大型神樹，則不見於殷墟及其他地區，顯示出古蜀文明的自身特色，顯示出古蜀國濃厚的原始宗教色彩，是多元一體中華文明的重要實證。

　　西周王朝封邦建國，各地發現的諸侯國都城，以及諸侯墓在規模、棺槨數量和隨葬鼎簋等青銅禮器的數量與組合等方面表明，在西周王朝中期已經形成了嚴格的等級制度。禮制經過夏商王朝的初創之後，到了西周時期日臻成熟，周王朝對各地的統治較之於商王朝大大增強。

　　秦始皇陵是世界上同時期規模最大的帝王陵墓。以秦始皇兵馬俑為代表的 400 多座附葬坑展現出統一的秦王朝的鼎盛局面。對阿房宮的發掘表明，該宮殿在秦代並未建成，從而糾正了歷史文獻記載的謬誤。在北起東北、南達嶺南的廣大地區發現的秦代郡縣故城、墓葬和馳道等遺跡以及度量衡等遺物，說明秦王朝實現了統一中國的目標。

　　經過對西漢首都長安城的發掘，揭示出這裏是當時世界上規模最大的都城。面積達 5 平方公里的未央宮內有多座宮殿建築，堪稱當時世界上最為宏大的王室建築，彰顯出西漢王朝的強盛。各地發現的西漢諸侯墓規模宏大，隨葬品豐富，尤以出土金縷玉衣和棺槨採用黃腸題湊而聞名遐邇。近年發掘的海昏侯劉賀墓出土金、銀、銅、漆等近萬件隨葬品，僅黃金就達 378 件，隨葬五銖錢 200 萬枚，總重量達 10 餘噸，是迄

今所見出土隨葬品最多的漢代高等級墓葬，展現出西漢王朝高度發達的經濟和文化水平。各地發現的大量平民墓葬，出土的陶器和墓葬的形制相當一致，表明漢代對各地實行的有效統治。

湖北荊門郭店、湖北雲夢睡虎地、山東臨沂銀雀山、湖南長沙走馬樓、江西南昌海昏侯墓等數十地出土的大量竹簡木牘為研究戰國到漢代的政治、經濟、社會、文化等方面的歷史提供了極為珍貴的第一手文字資料，填補了傳世歷史文獻記載的許多空白。

山西大同和河南洛陽北魏都城是從大興安嶺起源的拓跋鮮卑族大力吸收漢文化、促進民族融合的歷史寫照。北魏洛陽城宮城的中軸線上自南向北排列三座大殿的佈局和宮城門三出闕的形制為此後各個王朝宮城佈局所承襲，一直延續到北京的明清紫禁城。鮮卑融入的過程是統一多民族國家形成發展歷程的縮影。

隋王朝雖然只存續了短短的數十年，但大興城（唐代改長安城）的興建和大運河的開鑿，不僅為歷史留下清晰印記，也為唐王朝的興盛和隋代以後的南北通商奠定了基礎。唐長安城是名副其實的當時世界最大的城市。規模宏大的唐長安城、大明宮和唐代陵墓羣、隋唐洛陽城的應天門等發掘，充分展現了唐王朝的強盛。新疆吐魯番阿斯塔那墓地和青海都蘭熱水墓地等唐王朝控制下的西北地區權貴的重要發現、吉林集安高句麗王城和貴族墓地以及黑龍江寧安渤海上京城，都充分顯示出唐王朝的強盛和這一時期統一多民族國家的發展。乾陵邊外國使節羣的石雕和章懷太子墓的外國使節圖以及唐代墓葬中常見的胡人牽駝俑是當時強盛的唐王朝通過絲綢之路積極對外交流的寫照。來自各國各地的人士在唐朝做官、經商，唐王朝吸收各地的先進文化為己所用，表現出極大的文化自信和開放包容。

遼、金、元朝的都城和貴族墓葬的發掘中，從都城佈局、建築格局和墓葬制度以及器物上，都能夠清楚地看到中原漢文化的影響，反映出這些北方遊牧民族建立的王朝大量吸收漢族的政治經濟制度和文化，是統一多民族國家形成發展過程的真實寫照。

考古文獻補充和豐富了歷史細節

　　1899 年，王懿榮在「龍骨」中發現有字甲骨，引起羅振玉、劉鶚等金石學家的注意。1900 年，敦煌石窟發現儲存大量古代寫本文書和其他文物的藏經洞。大約在同時，甘肅居延發現漢代簡牘。這三項發現，以及「疑古派」打破了此前史學界對古代文獻的深信不疑，使中國史學界開始重視地下文物對歷史研究的重要意義，為中國考古學誕生奠定了堅實的基礎。

　　百年考古的歷程中，出土了各個時期的文字資料。殷墟出土的甲骨文，為我們研究商代晚期的社會生活提供了極為豐富的第一手資料；各地西周時期貴族墓葬出土青銅器上的銘文，為我們提供了了解西周王朝的分封、建洛邑、周王和高級貴族的各種賞賜、戰爭、土地制度、訴訟等方方面面情況的寶貴信息；河南信陽長台關、湖北荊門郭店、江陵九店和望山、湖北雲夢睡虎地、山東臨沂銀雀山、湖南長沙走馬樓、江西南昌海昏侯墓、甘肅居延和敦煌以及「清華簡」「北大簡」等數批戰國到秦漢時代的簡牘，為研究戰國到秦漢時期的政治、經濟、文化、社會提供了彌足珍貴的資料，是對傳世歷史文獻的重要補充，有些簡牘的內容還對傳世歷史文獻的某些篇章內容進行了訂正。

　　改革開放以來，尤其是近 20 年來考古工作者改變了原來「古不考秦

漢以後」的舊觀念，加大了對秦漢以後遺址考古工作力度。很多秦漢以後的重要考古發現填補了大量古代文獻記載中的空白，豐富了我們對各歷史時期政治、經濟、文化、社會的認識。

秦漢時期的遺址有秦咸陽城、西漢長安城、漢魏洛陽城，秦始皇陵和幾座西漢時期諸侯列侯等高級貴族的墓葬，包括河北滿城漢墓、廣州南越王墓、長沙馬王堆漢墓、江西南昌海昏侯墓、徐州漢楚王陵和北京大葆台漢墓等。重要的是，雲夢睡虎地、裏耶和銀雀山漢墓等地，還出土了大量竹簡木牘，有些內容不見於傳世的歷史文獻，是研究秦漢時期歷史文化的第一手文字資料。新疆尼雅遺址和樓蘭等遺址一樣，是西漢王朝開通絲綢之路的重要考古發現。織有「五星出東方利中國」漢字的蜀錦，各種語言的文書和遺物，反映出絲綢之路沿線的諸國與漢晉王朝的密切關係，是研究中西交流的重要資料。

百年中國考古，碩果纍纍，成就非凡。百年中國考古延伸了歷史軸線，增強了歷史信度，豐富了歷史內涵，活化了歷史場景。讓我們國人、全世界的炎黃子孫和世界公眾得以了解中華文明的悠久歷史、燦爛成就和對世界的貢獻，從而更加增強民族凝聚力和文化自信，為實現民族偉大復興的中國夢提供強大精神動力。

（作者係國家社科基金重大項目「中國考古學百年史（1921—2021）」首席專家，中國社會科學院學部委員、中國考古學會理事長、河南大學特聘教授）

多元一體篇

從三星堆到金沙：
展現中國上古精神世界的知識圖景

霍　巍

　　三星閃耀，金沙溢彩，舉世聞名的三星堆遺址和金沙遺
址，如同青銅時代的「雙子星座」，共同鑄就了中國古史的輝煌
篇章。

　　當三星堆的光芒開始隱退，神祕的古國都城被逐漸廢棄，
人們不禁要追問：誰是三星堆文明的後繼者？那些表達上古精
神世界神祕信息的黃金面具、青銅立人像、金杖上的圖案符
號，大批象牙堆積的祭祀場景，是否可以異地再現？中國文化
遺產標誌「太陽神鳥」從何處起飛，其象徵意義何在？欲知分
曉，請跟隨我們走近金沙。

　　四川廣漢二星堆新發現祭祀坑旳考古發掘，讓世人再次感受到中國
考古學在新時代的巨大成就和感染力。與舉世聞名的三星堆遺址共享盛
名的，還有坐落在今成都市城西的金沙遺址。金沙遺址是三星堆文明的
延續與發展，具有許多和三星堆文明相同的文化因素，二者共同形成了
中國西南早期青銅文化的基本風貌。三星堆以其譎詭奇異的青銅面具與
人像（圖1），高大的青銅神樹以及黃金製作的面具、金杖等，帶給世人

以強烈的視覺衝擊，刷新了人們有關世界上古文明傳統知識圖景。金沙遺址除了展現給人們與三星堆相類似的黃金面具，陰刻有魚、鳥、箭連環圖案的金帶，大量堆積的象牙等考古場景之外，也以眾多新出土文物續寫了中華文明豐富多彩的篇章，展現出中國上古精神世界更多的精彩畫卷。

圖 1　三星堆青銅面具

日月同輝：太陽神鳥的象徵

　　現已成為中國文化遺產標誌的太陽神鳥金飾，是金沙遺址中最具代表性的器物（圖 2）。這是一件極富創造力和想像力的文物精品，總體呈圓形，由含金量高達 94.2% 的金箔片製作，圖案分為內外兩層，經過精心刻畫、切割而成。外層圖案由四隻等距分佈、首尾相接的鳥構成，內層圖案則是同樣精確劃分、等距分佈的十二支芒葉，朝着圓心向左旋轉。整個圖案均衡對稱，充滿動感，在起伏跳躍的節律中暗含着四方圍繞中央、天道左旋、中央向外輻射出十二條光芒的深刻寓意。

　　人們之所以將其稱為「太陽神鳥」，是因為這個圓形的金飾很可能象徵着以太陽崇拜為中心的宇宙觀。圓形的圖案象徵太陽，中心向外輻射的十二條旋轉的金色光芒線以及最外圍首尾相接的四隻「神鳥」，很自然

圖 2　太陽神鳥

地讓人聯想到四季、十二月這樣的天象與物宜。這裏，還應當提到一個十分重要，但過去往往被人們所忽略的考古現象：在金沙遺址中與這件太陽神鳥同時出土的，還有至少分屬於七個個體的蛙形金箔，其中兩件造型基本完整，可以觀察到其造型呈蛙狀，頭部較尖，雙眼圓鼓，背部中間有脊線，四肢修長，彎曲在身體的兩側，背部有兩排麻點狀的乳釘紋（圖 3）。這樣的造型讓人聯想到「月中蟾蜍」。如果將太陽神鳥和月中蟾蜍聯繫起來思考，《淮南子・精神訓》所言「日中有踆鳥，而月中有蟾蜍」的記載可謂與之暗合。由於這批金箔原來都是貼附於某個物體的表面，所以有學者曾經推測，如果將金沙出土的這幾件文物聯繫在一起加以復原的話，復原後的構圖很可能是圓形的太陽神鳥居於中央，在四周等距離環繞着八個或者更多的蛙形金飾，共同組成一幅日月交相輝映的場景。這個推測不是沒有根據的。

蛙形金器線圖（C：125）

圖 3　蛙形金器

商周時期，古代中國思想世界的許多核心知識正在逐漸形成，天圓地方、中心與四方、陰陽變化、四季更替、日月星辰的定位、宇宙的框架模型等古老的天文地理經驗，已經開始以不同方式得到表達，出現在考古材料中。如果說三星堆的青銅神樹象徵着人類遠古文明中的宇宙樹、太陽樹，那麼金沙遺址出土的太陽神鳥所蘊含的深意，則與之有着異曲同工之妙。金沙遺址位於號稱「天府之國」的成都平原，已經具有高度發達的農業，遺址中不僅出土了石製、木製的農具，還有粟、稻等作物種子。金沙先民們對於日出月落、四季更替，尤其是太陽所具有的強大力量有細緻觀察和深刻體會。他們所創造的代表日月崇拜、陰陽四季等觀念的黃金製品，不僅是中華民族對於宇宙世界、天地萬物最為樸實而自然的表達，更以其幾近完美的藝術賦形，為世界美術史、上古思想史提供了極其珍貴的典範之作。

蘊藏在神祕圖案中的「知識密碼」

金沙遺址和三星堆有許多共同的文化因素，反映在出土的黃金面具、玉器、象牙、青銅人像、陶器等不同方面。但其中最能夠將兩者緊密聯繫起來的，則是刻在黃金器物上的一組神祕圖案。

三星堆遺址「一號祭祀坑出土」一件黃金杖體，芯外層包裹着由金條拓展成的金箔。由於出土於具有濃厚祭祀色彩的器物坑中，所以學者們一般將其認定為三星堆遺址中代表權力、威儀、等級等含義的「權杖」，或者稱之為「神杖」「王杖」。引人注目的是，杖體上端保存着用兩組陰線刻成的紋飾圖案，圖案相同，都是一端為並列的三個頭戴寶冠、耳佩大環的人頭像，另一端有兩組相同的紋飾，各由一支箭、一隻鳥、一條

魚組成，其中的神祕含義令人尋味。

無獨有偶，在金沙遺址中，也出土了一件被稱為「金冠帶」的金器，呈圓環形，出土時斷裂為長條形，直徑上大下小。這條金帶的表面也鏨刻着四組相同的圖案，其基本構圖特點也是一支箭、一隻鳥、一條魚和一個類似人面孔的圓形紋飾，和三星堆一號祭祀坑出土金杖上的圖案幾乎完全相同（圖4）。

目前還無法解釋這兩組神祕圖案的意義。但是，無論將其視為象徵不同族羣的「圖騰」或「族徽」，還是視為傳遞某種神祕寓意的符號，兩件黃金器物上的紋樣相似度如此之高，足以表明這是來自三星堆和金沙最高等級人羣之間的某種原始信息。兩處遺址有着共同的文明傳承，很可能也有着共同的表達權力的象徵：一是黃金權杖，一是黃金冠帶，

金帶線圖

圖4　金冠帶及紋飾

然後由一組相同的圖案將其聯繫在一起。圖案中的魚和鳥由一支箭串聯起來，箭杆從鳥的身軀旁邊掠過，箭頭則射進了魚的身體內，讓人不禁聯想到這是否是三星堆和金沙的先民們在用符號進行思想表述、記錄和傳承？

迄今為止，無論是在三星堆還是金沙，都沒有發現文字，對於具有高度發展水平的古蜀青銅文明而言，這無疑是令人費解的。但是這組鏨刻在黃金器物上的神祕圖案，或許能夠透露出古蜀文明中某些已經消逝的「知識密碼」。漢晉時代有關古蜀的文獻典籍中，曾記載古蜀國王的傳承系統為「蜀之先稱王者有蠶叢、柏灌、魚鳧、開明」，稱「蜀王之先名蠶叢，後代名曰柏灌，後者名魚鳧。此三代各數百年，皆神化不死，其民亦頗隨王化去」（《蜀王本紀》）。這些具有神祕力量的圖案如魚、鳥、箭等，或許都和歷史傳說中古蜀的王系、世系之間有着或多或少的聯繫。它們同時出現在三星堆和金沙具有特殊價值與意義的黃金器物上，究竟是暗示着權力的交替更革，還是意味着文明的傳承不止？雖然我們今天還暫時無法破譯它們的意義，但上古先民運用神祕符號來表達某種知識、思想的能力已經彰顯無遺。

「絕地天通」：神聖的祭祀場所

金沙遺址內有專門的祭祀區，位於遺址的東部，總面積約 15000 平方米，濱河而設，沿着古河道的南岸分佈。可以由此推測金沙人最初的祭祀活動是在河岸上舉行的，祭祀儀式完成之後再將祭品掩埋在河灘中。

和一般的生活遺址不同，金沙祭祀區內出土的器物絕大部分都不是實用品，而是具有象徵意義的祭器或者禮器。從商周時期中原卜辭中所

反映的祭祀活動來看，有燔燎、沉埋等不同祭法，有的是焚燒祭品、煙氣上升，使天上的神靈得以享用；有的是在土中埋藏祭品和犧牲，向天上和地下的祖先、神靈貢納輸誠。考古發現表明，三星堆和金沙有着與中原商周祭祀相同的做法，但又獨具個性和特點。

金沙的祭祀活動有幾個值得注意的現象：其一，祭品大量使用動物的角、牙等部位。和三星堆祭祀坑一樣，金沙祭祀區內也出土了大量象牙，其中最長的一根達 1.85 米，是迄今為止考古發現的最大象牙。除了以玉器、銅器、石器等作為祭品之外，金沙遺址中還出土了野豬獠牙、鹿角、麂角等動物骨殖，它們應為祭祀時的「犧牲」，尤其是野豬的獠牙數量多達數千枚。但並沒有發現上述這些動物其他部位的骨頭，這表明祭祀用品是經過精心選擇的，可能具有特殊含義。

其二，祭品中有專門製作的石虎、石蛇（圖 5）、石龜等動物形象，五官處多用硃砂塗紅。與之共同出土的還有雙手反綁在後的跪坐石人像（圖 6），有的石人像五官也同樣塗以硃砂，表明其身份和這些石製動物一樣，應是作為祭祀的「人牲」。他們極有可能是戰爭俘虜或奴隸，這也折射出金沙時期社會所發生的變化。其三，祭祀禮儀和程序逐漸形成。金沙遺址的祭祀活動經歷了 500 年左右，從公元前 1200 年前後的商代晚期，一直延續到公元前 770—前 476 年的春秋時期，隨着政治中心的轉移，金沙人的祭祀聖地才日漸荒蕪。在這段漫長的歲月中，金沙的祭禮活動大體上可分為三個階段：第一個階段約為商代晚期，主要流行以象牙、石器作為祭品；第二個階段約從商代晚期到西周中期，大量使用玉器、銅器作為祭品，象牙也仍然使用；第三個階段約為西周時期至春秋時期，前一階段流行的銅器、玉器和象牙等祭品數量驟減，而大量使用野豬獠牙、鹿角、麂角等動物骨殖，以及美石、陶器等作為祭品。

圖 5　石蛇

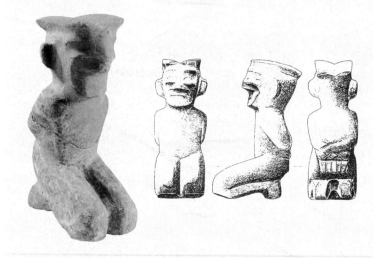

圖 6　跪坐石人像

　　雖同為祭祀，但金沙的祭祀區明顯有別於三星堆的祭祀坑。金沙遺址在祭祀對象、祭器使用、祭祀場所等方面都和三星堆有所不同，並且沒有出現三星堆祭祀坑中最具標誌性特點的青銅頭像、面具、大型立人

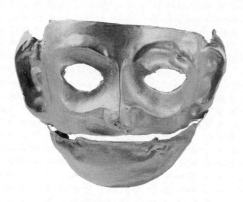

圖 7　金沙遺址出土的黃金面具

像、大型青銅神樹等重器。雖然金沙遺址中也出土了與三星堆祭祀坑造型相同的黃金面具（圖 7）、青銅小人像等，但是體量和規模都遠不如三星堆。這究竟意味着金沙時期總體國力的消退、祭祀資源的匱乏，還是兩者本身就是在不同場景下開展的不同性質、不同功能、不同方式的祭祀活動？這些都有待開展更為深入的比較研究。但可以肯定的是，在大量使用象牙、金箔神器、玉器祭祀來「溝通神人」這一點上，二者之間是一脈相承的。

中國上古精神世界的獨特貢獻

從三星堆到金沙，許多考古發現都是與祭祀有關的遺物和遺跡，從而提供給世人前所未有的中國上古精神世界的知識圖景。為何祭祀在上古中國如此重要而神聖？這涉及中國古代早期文明的基本問題之一，即

天人之間、人神之間的交流、溝通與和諧共處。上古人類普遍認為,世界上有某種「神祕力量」存在於自然界和天地人神之間,人類通過某些特定的儀式與儀軌,能夠「通天達地」,或掌握這種神祕力量的法則密碼從而得其護佑,或積極利用多種「法術」(也就是巫術)從而趨吉避凶。從新石器時代開始,原始巫術和祭祀活動已見諸考古發現。不少學者指出,良渚文化玉琮上的獸面紋、河南濮陽蚌殼龍虎圖案、安徽含山凌家灘玉版圖案、遼寧喀左紅山文化神廟與神像等,都含有原始巫術與祭祀的寓意,被認為擁有「溝通天地、接引鬼神」的神祕力量。進入中原商周青銅時代,祭祀成為國之大事,甚至形成以青銅禮器為中心的一套禮儀制度並廣行於天下。三星堆和金沙所展現給世人的,無疑是這個古老傳統的別樣表達,它既繼承了中國各地自遠古時代以來神人混雜、「絕地天通」的宇宙觀和神靈觀,又以地處中國西南的獨特視角和非凡的觀察力、創造力,構建出時人對於上古精神世界的理解、想像、運思和表達。

當三星堆成為熱門考古話題的時候,我們更應當客觀、科學地認識三星堆文明的來龍去脈,以更加寬廣的眼界去閱讀、理解古代文獻中的古蜀傳承與考古發現中的現實景象。同時不能忽略三星堆旁邊的金沙(圖8),它們相輔相成、承前啟後,互為鏡像、寓意深長,共同書寫了古蜀文明悠久而輝煌的篇章。

(作者係國家社科基金重大項目「四川新出土南朝造像的整理與綜合研究」首席專家,四川大學考古文博學院院長、教授)

圖 8　金沙遺址出土的玉琮

三星堆：青銅時代的神權文明

段　渝

　　「沉睡三千年，一醒驚天下！」在四川廣漢三星堆，三千年前的奇珍異物，一件一件地被考古學家發掘出來，重見天日：金光閃耀的純金權杖、戴着純金面罩的青銅人頭像、舉世罕見的青銅大神樹、來自海洋文明的海貝、熱帶叢林的象牙，震驚了世界。

　　這些極其珍貴而數量巨大的財富，為什麼會被埋藏在幾個土坑裏？三千年前究竟發生了什麼？它們隱藏着什麼樣的祕密？是否昭顯出一個不為人知的神祕而又神聖的神權文明？讓我們一起走進三星堆，揭示它的祕密吧。

　　三星堆文化是長江上游最早的古代文明，它的初創年代約在中原二里頭夏文化的晚期（約公元前 2000 年），經歷了整個殷商時代，直到西周初期（約公元前 1000 年），經過十二橋文化階段發展演變到春秋前期（約公元前 600 年），雄踞中國西南，連續發展 1600 年之久，這在中國古代史上是不多見的。

　　在三星堆文化宏闊的古城、燦爛的青銅製品羣、濫觴的文字、偉大的藝術以及盛大的禮儀中心等物質文明後面，蘊涵着古蜀文明本質性、結構性的制度文明和精神文明特質，即神權政體。

三星堆遺址的發掘，尤其是祭祀坑（圖1）大量青銅器的相繼出土，揭示出三星堆與古蜀王國的王權與神權之謎。它使我們深刻地認識到，夏商時代的古蜀文明，是一支高度發達的神權文明；夏商時代的古蜀王國，是一個實行神權政治的國家，三星堆遺址便是這個神權文明的政治中心之所在。

圖 1　三星堆祭祀坑

金杖與雕像：神權政體的物化表現

　　三星堆一號祭祀坑出土的一柄金杖（圖 2），十分引人注目。金杖是用較厚的純金皮包捲而成的金皮木芯杖，杖長 143 厘米，直徑 2.3 厘米，淨重 463 克。杖的上端有一段長 46 厘米的平雕紋飾圖案，分為三組：最下一組線刻兩個前後對稱，頭戴鋸齒狀冠，耳垂繫三角形耳墜的人頭。上面兩組圖案相同，下方為兩背相對的鳥，上方為兩背相對的魚，鳥的頸部和魚的頭部壓有一枝羽箭。這柄金杖與大量青銅器禮器、青銅人頭像、人面像、玉石器、象牙（圖 3）、海貝等巨大的物質財富同出一坑，由於用杖象徵權力是司空見慣的文化現象，因此可以認定這是一柄權杖。

　　金杖上的人頭圖案，頭戴獸面高冠，耳垂三角形耳墜，與二號祭祀坑所出蜀王形象造型 —— 青銅大立人相同，表明杖身所刻人頭代表着蜀王及其權力。魚、鳥圖案的意義在於，魚能潛淵，鳥能登天，它們是蜀王的通神之物，具有龍的神化般功能。而能夠上天入地，交通於神人之間的使者，正是蜀王自身。因此，金杖不僅僅是一具王杖，同時也是一具神杖，是用以溝通天地人神的工具和法器。《淮南子‧地形訓》說：「建木在都廣，眾帝所自上下。」都廣即《山海經‧海內經》中的「都廣之野」，指成都平原；而所謂「建木」，或許就是三星堆出土的青銅神樹。既然眾神從這裏上下於大地，那麼金杖上的魚、鳥，便能夠通過金杖那無邊的法力，溝通入神，揮灑自如了。自然，與魚、鳥同在圖案上的蜀王，就是指揮、支配人神之間交際的神了。

　　金杖的含義還不止於此。杖用純金皮包捲，而黃金自古視為稀世珍寶，其價值遠在青銅、玉石之上。因此使用黃金製成權杖，又表現出對社會財富的佔有，象徵着經濟上的壟斷權力。所以說，三星堆金杖有着

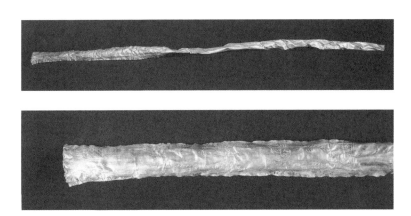

圖 2　三星堆一號坑出土的金杖及圖案

圖 3　考古工作人員正在清理象牙

多種特權複合的象徵意義，標誌着王權（政治權力）、神權（宗教權力）和財富壟斷權（經濟權力）。這三種特權同時具備，集中賦於一杖，就象徵着蜀王所居的最高統治地位。同時，它還深刻地意味着，夏商時代的古蜀王國，是一個神權政體，而夏商時代的古蜀文明，當然也是一個神權文明。

三星堆一、二號祭祀坑內出土了大量青銅雕像，分為人物雕像、動植物雕像等兩大類。其中，青銅人物雕像包括各種全身人物雕像、人頭雕像和人面像。全身人物雕像中的最大者通高 260 厘米，最小者僅高 3 厘米左右，既有站立，又有雙膝跽坐和單膝跪地等姿態的造型。人頭雕像的大小，一般同真人接近；根據髮式、服式和臉型，可以分作幾個不同的形式。人面像包括幾個不同的形式，最大一尊通高 65 厘米，通耳寬 138 厘米，厚 0.5－0.8 厘米。此外，還出土數具純金打製成的金面罩。二號坑出土一尊青銅人頭雕像，面部還戴着一具金面罩（圖 4）。動植物雕像包括鳥、雞、蛇、夔、龍、鳳等造型，還有 6 棵青銅神樹，最大的一棵高達 3.95 米以上。

三星堆一、二號坑出土的數百件青銅人物雕像、人頭像、人面像、獸面像，各種各樣的動植物雕像以及黃金面罩、青銅神樹等，五光十色，光怪陸離，構築成一個陰森、威嚴、凝重、恐怖而又莊嚴肅穆的巨大青銅空間，處處充溢着令人望而生畏的神祕王國氛圍。這正是神權政治中心的典型形式，其目的之一，即在於通過各種重型物質的複雜組合形式及其必然對人產生的巨大精神壓力，來顯示王權與神權至高無上的權威和力量。可以看出，三星堆遺址出土的大型青銅雕像羣，毫無疑問是古蜀王國大型禮儀中心的主要器物組合，它們無一不是古蜀王國神權政體的物化表現形式。

圖 4　三星堆出土的戴金面罩青銅人頭像

青銅神樹：「天地之中」的神權結構

三星堆出土的青銅神樹，已修復 3 株，即 1 號神樹、2 號神樹和 3 號神樹。其中，1 號神樹高達 3.95 米，樹幹有三層九枝，各枝頂端站一欲飛的立鳥，樹幹有一條頭向下的飛龍；2 號神樹座上鑄有武士形象的銅人雕像，背朝樹幹，面向外下跪，儼然一副虔誠的神樹守衛者形象；3 號神樹的樹枝包裹着金皮，果實柄部包捲着金箔，是一株典型的金枝，樹枝頂端有兩隻人面鳥身的立鳥（圖 5）。不難知道，它們就是供奉在古蜀「天地之中」，供古蜀眾帝「上天還下」的神樹。

在 1 號青銅大神樹上，有茂盛如錦的枝、葉、花卉、果實，還有飛禽、飛龍、鈴等掛飾（圖 6）。而且因為用銅製成，枝葉中有銅製的鈴，

圖 5　三星堆 3 號神樹

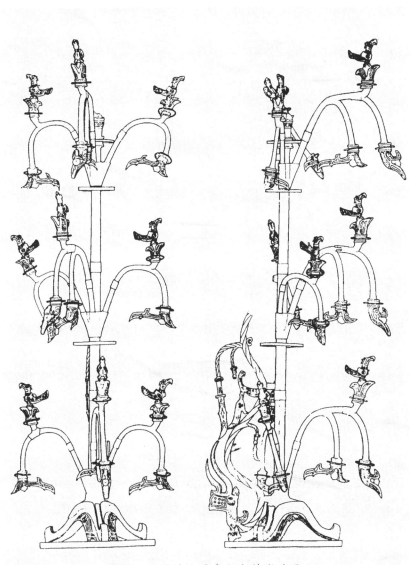

圖 6　三星堆 1 號青銅大神樹線圖

所以能夠「呼而不響」。又因神樹置於高高的廟堂之內，即使日當午時，也能夠「日中無影」。並且，三星堆古城為蜀王之都，是古蜀國的神權政治中心之所在，所以又被稱為「天地之中」。可見，三星堆出土的青銅神樹，極有可能就是所謂建木，也就是蜀人的天梯。

《淮南子‧地形訓》說眾帝在都廣建木上下於天地之間，這「眾帝」便是古蜀王國的君長兼大巫師，即蜀國的神權政治領袖。「帝」字在漢語古文字中有特殊意義。帝原本是一個祭名，後來演變成為天人之際的主神，殷卜辭中有「帝使風」「帝令雨」等辭例，表明帝凌駕於諸神之上的崇高地位。帝雖然不是被中原視為「左言」的蜀語，但《淮南子》成書於西漢，是用漢人的語言文字記錄的蜀人關於主神的概念。至於帝在蜀語中的音讀，由於蜀語早已消失，無從稽考。從《淮南子‧地形訓》來看，古蜀國的帝是擬人神，有生命、有靈魂、有意志，基本功能是「替天行道」，為天神代言。而天神基本上是一個虛擬，既無實體，又無形象，只有意志，雖然神力無邊，卻須通過帝來傳達意志。因此，在實際的宗教生活中，帝才是最重要的角色。

這樣，蜀王才藉助於法器（神杖），施展法術（各種儀式），使自己扮演起帝的角色，儼然就是神權政治領袖。

三星堆古城為蜀王之都，是古蜀國的神權政治中心之所在，所以被稱為「天地之中」。而青銅神樹就是三星堆神權政治領袖往來於天人之際傳達神意的天梯。神樹上的飛龍，是古蜀王的登天工具。人面立鳥，則意味着神人藉助於神鳥可以登天。在古蜀人的諸神當中，唯有眾帝能夠「上天還下」，高踞於羣神之上。由於三星堆祭祀坑羣的下埋年代不同，意味着三星堆不同的祭祀坑代表着不同的代系。而每一代都有各自高於羣神的帝，故而所謂「眾帝」，實為歷代「帝」的總稱。而帝與羣神的關

係，猶如眾星拱月，是主神與羣神的統率關係。這種關係，帶有「神統」的結構特點，它是人世間「君統」結構的反映，折射出當時的社會生活、政治生活和宗教生活。這個神統，又與三星堆青銅像中青銅大立人與其他雕像所形成的主從結構特點相一致，體現出三星堆宗教神權深刻、豐富和神祕的社會功能。

青銅雕像羣：神權的功能

三星堆祭祀坑內出土的大批各式青銅人物雕像，他們的服式、冠式、髮式各異，顯示了不同族類的集合。它所展示出來的圖景是，以作為古蜀羣巫之長的青銅大立人為中心，以作為西南各族首領的青銅人頭像為外圍所形成的有中心、分層次的人物像羣，用以象徵古蜀王國以宗教掩蓋政治，以文化代替暴力，使控制合法化的現實情況，展現出三星堆神權在跨地域政治社會中的強大統治。

眾多青銅人物雕像（圖 7）圍繞青銅大立人，表現了以古蜀神權政治領袖為中心，聚合西南各族首領而舉行的大型禮儀活動，充分展現出三星堆神權在跨地域政治社會中的雙重功能。一方面，西南各族君長匯聚三星堆古蜀都，共奉蜀人神權領袖，同祭蜀地信奉之神，表明各族承認三星堆古蜀神權的至上地位。青銅人頭像代表着西南地區各族的君長，而這些君長在各自的族羣中也同樣被尊為神。既然蜀人神權領袖控制了這些各族之長，那麼他也就控制了各族的神，並進一步實現了他對西南各族意識形態的控制。另一方面，這些各個族羣的君長形象，都是用青銅材料製作而成的，他們與蜀王形象的製作材料毫無二致，僅有體量大小的區別，而與用石質材料雕刻出來的奴隸像截然不同，又意味着他們

圖 7　青銅人面像

在以三星堆神權為中心的跨地域政治社會中具有相當高的地位，扮演着並非不重要的角色。這表明，在三星堆神權文明的跨地域擴張中，十分巧妙地發揮了神權的雙重功能，既達到了擴張勢力範圍的目的，又達到了穩固勢力範圍現存秩序並增強凝聚力、吸引力的目的。

青銅文化：多元一體的見證

　　雖然三星堆青銅文化具有鮮明的個性和特徵，但其中不僅可以見到中原文化的明顯影響，而且有許多陶器、玉器和青銅禮器本身就直接仿製於中原文化。比如，三星堆出土的陶高柄豆、陶盉，其形制無疑淵源於二里頭文化，三星堆青銅人頭像雙耳所飾雲紋，青銅神人大面像鼻、額之間上伸的夔龍紋飾，青銅神樹上的夔龍等，都是中原青銅器常見的

紋飾，而為三星堆文化所採借。又如，三星堆出土的青銅尊、罍和玉戈等青銅禮器和玉鋒刃器，也完全仿製於中原或長江中游文化。三星堆青銅器吸收了通過長江中游傳入的青銅器的某些因素，尤其是青銅容器。不論在中原還是長江中游，青銅容器都是作為禮器使用的，青銅鼎、尊、罍等重器不但作為煮肉和盛酒的器物在廟堂使用，而且還是政治權力和宗教權力的象徵物。三星堆文化的青銅容器尊、罍，在形制上與長江中游同類器物有不少相似之處，如青銅尊的高圈足、肩上的立鳥以及器身的紋飾等，應是從長江中游傳入。三星堆出土的一件龍虎尊，與長江下游安徽阜南出土的龍虎尊相似，也應是通過長江中游獲取的。商文化的若干因素，就是經由長江走廊，源源不斷地從長江中游傳播到長江上游成都平原的三星堆古蜀王國。

三星堆出土的各式青銅龍形象，儘管在形態上與紅山文化、中原的玉龍和青銅龍有所不同，但有關龍的觀念和基本造型等都無疑來源於中原和長江流域文化。這種同中有異、異中有同的特點，表明三星堆龍是綜合採納了華夏龍的形態特徵，按照自身的理解整體結合而成的，可謂之「蜀龍」。它反映了飛龍入蜀的情況，同時也說明古蜀也是「龍的傳人」之一。

中國青銅時代是中國古代文明從發展走向鼎盛的時代。在這個時代，三星堆青銅文化從無到有走向繁盛，其中的重要原因在於它對中原和長江流域以及其他地區多種文明因素的吸收，並把這些優秀的文明成果融進自身的文明之中，從而光大了自身的文明，使它得以大放異彩。由此可見，三星堆青銅文化是一種來源廣泛的複合型文明，充分體現和見證了中國文明多元一體的發展過程和格局。

（作者係國家社科基金重大項目「南方絲綢之路與歐亞古代文明」首席專家，四川師範大學巴蜀文化研究中心主任、教授）

從良渚古城再認識中華 5000 年文明史

王寧遠

80 多年考古，良渚從一個籍籍無名的江南小鎮，成為世界文化遺產，也是國際社會最終認可中華 5000 年文明史的核心依據。

它是中國歷史進程中最關鍵節點的核心遺址，與夏和秦一起將中國文明史劃分為古國、王國和帝國三個階段。它定義了江南的概念，並以最大的城、最早的壩、最美的玉，展示了長江下游稻作農業區早期都邑的獨特面貌。

良渚古城是長江流域早期文明的規劃範例。在古城空間形制上展現出向心式三重結構──宮殿區、內城與外城，成為中國古代城市規劃中進行社會等級的「秩序」建設，突顯權力中心象徵意義的典型手法，揭示出長江流域早期國家的城市文明所創造的規劃特徵，在中國古代禮制社會的都城規劃中多次出現；同時，良渚古城所展現的「水城」規劃格局與營造技術，反映了人們在濕地環境中創造的城市和建築特色景觀，特別是作為城市的水資源管理工程、外圍水利系統工程的規模、設計與建造技術方面也體現出世界同期罕見的科學水平，展現了 5000 年前中華文明，乃至東亞地區史前稻作文明發展的極高成就，在人類文明發展史上堪稱早期城市文明的傑出範例。

良渚古城遺址的結構與認識

良渚古城地屬浙江省杭州市餘杭區瓶窯鎮，位於浙西丘陵山地與浙北平原的交界地帶。西側天目山的南北兩支餘脈向東延伸，臂膀一樣將其間的平原環抱，形成一個總面積約 800 多平方公里的 C 形盆地，良渚遺址羣即位於這個大 C 形盆地的北側，其中心即為良渚古城。

現在良渚古城遺址的定義，並非僅指城牆之內的城區部分，而是指一個結構功能完備的城市系統，它由城址區、水利系統、祭壇墓地和外圍郊區等部分組成，佔地總面積達 100 平方公里，規模極為宏大（圖 1）。

在讀識良渚遺址中，必須緊扣城、壩、玉 3 個關鍵詞，兼有宏大與

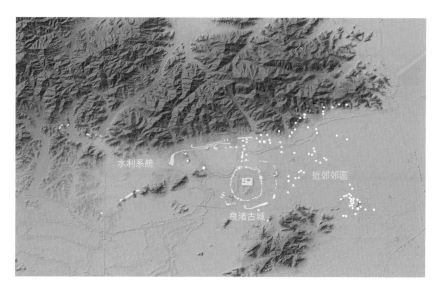

圖 1　良渚古城系統結構圖

精微兩種視角，才能抓住良渚遺址遺產價值的核心重點。良渚玉器的闡述很多，本文側重於宏觀角度對良渚遺址的敘述。

城址

2007 年發現的良渚古城城牆是良渚遺址研究的一個重大轉折。

從佈局上，城址區從中心向外，依次有宮城、內城、外郭三重結構。其外分別為城牆和外郭所環繞，內城面積 290 萬平方米，外郭之內面積為 630 萬平方米。堆築高度也由內而外逐次降低，顯示出明顯的等級差異，形成類似後世都城的宮城、內城、外郭的三重結構體系，這是中國最早的三重城市格局，具有重要的開創意義（圖 2）。

圖 2　城址區三重格局示意圖

（一）宮城

內城有 8 個水門，兩兩相對。與 8 個水門相通的 4 條幹河，構成一個類似井字形的結構，把內城切成若干個獨立區塊。其最中心「口」字形的區塊內有莫角山——皇墳山宮殿區、西部反山王陵區，姜家山和桑樹頭貴族墓地，莫角山南部為池苑，池苑和西側水域中間為島狀的池中寺糧倉區（圖 3）。這個區域居於中心位置，建築高度最大，體量最大，等級最高，其地位和獨特性被重點強調（圖 4），應是良渚古城內核心的宮城區域。

圖 3　1960 年代衛星影像下的古城三重結構圖

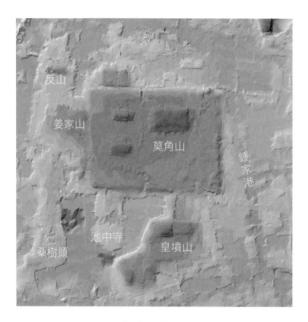

圖 4　宮城內部功能區圖

宮殿區

　　莫角山位於古城中心，是良渚古城最大的單體構築物。主體為長方形覆斗狀土台，東西長約 670 米，南北寬 450 米，面積 30 餘萬平方米。其上又有人工堆築的 3 個土墩，呈三足鼎立之勢。鑽探顯示，莫角山是依託西部自然山體一次性堆築完成的。莫角山土台最高處人工堆築了 16 米，土方量達到 228 萬立方米，是古埃及金字塔之前全世界規模最大的單體建築工程。莫角山宮殿區內共發現房屋台基 35 座、沙土廣場一處（圖 5）。沙土廣場分佈於 3 個土墩之間，面積達 7 萬平方米。由黏土和沙土相間夯築而成，夯層多的達 15 層。沙土廣場應是舉行重要儀式的場所。

　　莫角山東南部的皇墳山也是宮殿區的一部分。它將一座自然山體加

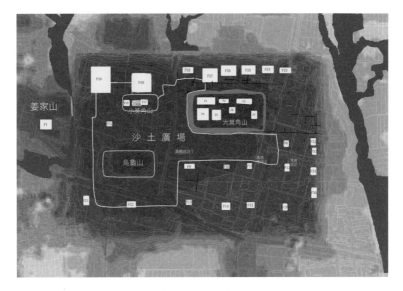

圖 5　莫角山上的建築佈局圖

以修整加築，整體輪廓為兩個對角相接的方形，其高度和莫角山一致。上邊有長條形人工堆築高台，和大莫角山南北並列分佈，應是與莫角山相互呼應的另一處宮殿基址。

王陵與貴族墓地

莫角山西側有一條南北向高壟。北部為反山王陵，中部為姜家山墓地，南側桑樹頭發現大型建築基址，早年出土大量玉璧等，應該也有高等貴族墓地。

反山 1986 年發現良渚文化大型墓葬 11 座，出土了大量珍貴文物，是整個良渚文化最高級別的王陵級墓地（圖 6）。反山以出土精美玉器著稱。其中 M12 出土玉器種類、數量最為豐富，尤其是玉琮王、玉鉞王以其完整神徽圖案的出土顯示墓主可能是良渚王國的一位王者。

圖 6 反山墓葬圖

糧倉與池苑

近年在宮城區內發現幾處倉儲遺存,其中最重要的池中寺遺址位於莫角山西側的南部。鑽探發現其底部有大面積的碳化稻穀堆積,總量約6000立方米。根據隨機取樣獲得的稻穀平均密度,計算出池中寺稻穀的重量約為 193300 千克。這些碳化稻穀遺存顆粒飽滿,不和陶片、豬骨等一般生活垃圾混雜,推測是大量集中堆放稻穀的穀倉失火後形成的廢棄堆積。

池中寺位置佈局經過精心規劃。其東西兩側皆為水域,島狀立於水中,能最大限度避免火災的危險。

池中寺東側的水域為一個人工池苑,底部明顯高於西側的自然水

面。沿着池中寺東部修有一條南北向的堤道，既可作為莫角山和皇墳山之間的通道，也起到堰壩的作用，使東側池苑塘水位得以保持，以滿足宮殿區的使用。

除西南側留出的一個水路通道外，皇墳山和西側長壟像莫角山伸出的兩臂將池中寺糧倉和水域圍抱懷中，說明其重要性需要特別嚴密的保護，同時也說明它們應該屬於宮城內部設施，類似於御倉。西南側留出這個通道連接南部良渚港，則方便了糧食的運輸。

（二）內城

作坊區

內城指宮城四周的幹河到內城城牆之內的區域，它被 4 條幹河與其他河道切割成若干小塊。這些區塊普遍經過人工墊高，比城外地面約高 1 米左右。有的區塊還存在圍牆類的設施，說明各小區也存在一定的獨立性。

這些區域大約是各類手工業作坊。城內南北向的幹河鍾家港做過較大範圍的清理，在東岸鍾家村台地上發現大片的紅燒土堆積，台地邊緣堆積中出土較多燧石片、玉料、玉鑽芯、石鑽芯等遺物，這些遺物和各類陶片、豬骨等有機質垃圾混合一起，說明此段河岸台地應該主要是玉器製作的手工業作坊區，並且是居住和作坊混合的家庭作坊的形式。鍾家港河道不同位置還出土了大量漆木器、骨器、石器等的加工工具、坯件和下腳料，顯示各類手工業作坊分佈密集。

城牆

古城牆平面略呈圓角長方形，正南北方向。大致以莫角山土台為中心，東西長約 1500—1700 米，南北長約 1800—1900 米，城牆部分地段

殘高 4 米多。牆體做法考究，先於生土面上鋪墊一層 10—20 厘米厚的膠泥；之上鋪放塊石，鋪石面寬度多為 40—60 米，局部寬達百米，之上堆築純淨的黃土成為牆體。古城牆採取了「夾河築城」的營建模式，內外兩側大都緊貼城河。

城牆內外坡腳下普遍疊壓着生活廢棄堆積，內多見鼎豆罐盆鬶盉等日常生活陶器，少見石鉞、箭鏃等與軍事用途相關的遺物，可推知這是日常生活形成的垃圾。在北城牆牆頂發現了兩個長方形的台基，應是房屋建築的基礎。由此可知，城牆具有居住功能。

城牆內外側每間隔一段距離，常向內外側凸出，以很緩的坡度逐步伸向河道，作用是河埠頭或碼頭，是牆上居民上下城河的通道。

城牆坡度很緩，從坡腳可輕易走上頂部，因此僅憑牆體本身形態無法起到阻擋外敵的作用。我們認為良渚古城的城牆和後期作為軍事防禦設施的城牆形態和功能差距很大，應該是南方早期都邑的一種兼有居住功能，與宗教或禮儀關係更密切的城牆形式。

（三）外郭城

外郭由若干具有獨立功能的區塊組成：城北有扁擔山—和尚地一組東西向高壟，並與前山連接；城東南部外側，由美人地、裏山—鄭村、卞家山分別構成北、東、南三面牆體，形成一個長方形的結構，並和古城的東牆和南牆相接續。從衛片觀察，城西南角也存在着一個體量較小、圍護着鳳山的框體。城牆東北轉角雉山外側，也有類似結構的跡象。從結構的角度看，這些區塊雖然整體上圍護在內城之外，但彼此並不構成如內城牆般標準的一整圈，而是強調各區塊的獨立性（圖 7）。

圖 7　高程模型顯示的外郭結構圖

美人地、卞家山等遺址發掘顯示，外郭的框體也是人工堆築而成，用作居址和墓地，是一種堰居式的形態。框體之內的是低平的濕地，沒有居址也沒有發現稻田。推測構建這種特殊結構的目的，可能是在相同數量的人口下，能最大限度擴大對內城圍護的範圍。同時，這些框狀結構又各自圍成若干獨立的小區塊，可能分屬不同的血緣組織。

人口和資源構成

通過人均遺址面積的方式初步估算，良渚古城外郭以內的人口可達2—3萬人，是一個規模很大的城市。

鍾家港河道發掘出土大量石、玉、漆木、骨器等手工業的工具和原料，卻幾乎沒有發現石鐮、石犁等農業工具。對良渚古城外郭之內勘探，也沒有任何水稻田。由此顯示城內居住着大量的非農手工業人口，而幾乎沒有直接從事農業生產的農民，體現了明確的城鄉分野。

而對糧倉稻米的 DNA 分析，顯示具有很高的離散性，表明城內大量的稻穀應該來自不同的產地，匯聚而來。針對豬骨的鍶同位素分析表明，古城內的豬可能來源於 3 個產地，其中有從嘉興地區遠距離輸入的可能。對人骨的 DNA 分析，有 3 個樣本獲得數據，其中 2 個顯示為本地人羣，一個則可能來自山東地區。另一項於人骨的碳氮同位素研究顯示，死者中大部分以稻米為主食，符合本地稻作農業區的飲食傳統，也有一些個體是以栗為主食，應該來自外部旱作農業區。而進一步的氧同位素研究似乎指向這些人來自河南或陝西等遙遠的地區。

儘管這些人骨不是出土於正常埋葬的墓葬，而來自河道的非正常死亡的個體，身份不明，但仍然可以看出良渚古城的人口來源超越了文化區，反映了良渚古城是一個百工興旺，各地人羣齊聚，糧食和肉類等資源完全依賴外部輸入的一個超級城市，這些特點甚至已經與今天的上

海、北京等大都市非常類似。

（四）外圍水利系統

　　水利系統位於良渚古城的北面和西面，目前共確認有 11 條堤壩，是良渚古城建設之初，統一規劃設計的城外有機組成部分（圖 8）。水壩主要修築於兩山之間的谷口位置，可分為南北兩組壩羣，分別構成高壩和低壩兩道防護體系。

圖 8　良渚古城外圍水利系統圖

低壩系統：1. 塘山　2. 獅子山　3. 鯉魚山　4. 官山　5. 梧桐弄

高壩系統：6. 崗公嶺　7. 老虎嶺　8. 周家畈　9. 秋塢　10. 石塢　11. 蜜蜂壟

整個水利系統在良渚古城北部和西北部形成約面積約 13.29 平方公里的庫區，相當於兩個西湖；總庫容 4635 萬立方米，相當於 3 個西湖的水量。整個水壩系統人工堆築土方量達 288 萬立方米，僅塘山長堤堆築土方量就達 198 萬立方米，這是同時期世界上規模最大的水壩系統，也是同時期規模最大的公共工程。

分析推測水利系統可能兼有防洪、運輸、調水、灌溉等諸方面的用途。從防洪角度看，天目山系是浙江省最大的暴雨中心，夏季極易形成山洪，對下游的良渚遺址羣形成衝擊。興建高、低兩級水壩可以將大量的來水瀦留在山谷和低地內，解除洪水直接的威脅。

該系統在運輸上也具有重要作用。天目山系有豐富的玉料、木材及動植物資源。但本區的山谷陡峻，形成的山溪性河流大多時候不能行船。通過築壩蓄水形成庫區，可以形成連接各山谷的水上運輸網。如高壩系統的崗公嶺壩羣，滿水水面可沿山谷上溯 3000 米左右；而低壩系統鯉魚山壩羣海拔約 10 米，庫區水面可北溯 3700 米左右，直抵高壩下方。通過翻壩，即可形成接續的水上運輸。水利系統是良渚古城營建的前提。

良渚古城的運轉也離不開水利系統。古城生活資料完全依賴於外部聚落支撐。在不具備輪式車輛的良渚時代，水運是交通命脈。據統計，良渚區域澇災和旱災的比例為 6:4。如果旱災發生水運斷絕，古城就無法維持運轉。因此，在上游建立水利系統，汛期蓄水，旱時向城內調水，可以保證古城全年的生活用水和水上交通不斷。

另外，在低壩壩下幾個位置鑽探發現水稻植物矽酸體密度較高，可能存在古代稻田，因此也不排除水利系統具有自流灌溉功能。

（五）祭壇墓地

　　良渚古城的外圍還分佈着瑤山、匯觀山等祭壇遺址和權貴墓地。

　　瑤山的頂上發現了良渚文化的祭壇，祭壇的西邊和北邊是覆斗狀的石頭護坡，祭壇頂部平整，在頂上以挖溝填築的方式，做出規則的回字形灰土框，由內而外形成紅土台、灰土框和礫石檯面三重結構，祭壇上共發掘清理 13 座良渚大墓，分兩排埋在祭壇的南側。匯觀山位於良渚古城西邊約 2 公里，是一座海拔約 22 米的自然小山，發掘出一座形制與瑤山十分相似的祭壇，在祭壇的西南部發現清理了 4 座良渚文化大墓。

　　對瑤山、匯觀山兩處人工營建的祭壇的性質，有學者推測其功能應用於觀測太陽進行測年，通過觀察可以準確地觀測確定一個回歸年的周期（圖 9）。

（六）近郊與遠郊

　　良渚古城、水利系統和瑤山匯觀山祭壇等核心區之外，100 平方公里城市系統範圍以內還分佈眾多的郊區聚落。經最新統計，目前良渚古城系統所在的 100 平方公里範圍內已發現各類遺址 270 餘處，其中郊區聚落 190 餘處，這些聚落與古城應有密切的內在聯繫。相信隨着今後全覆蓋式勘探工作的持續開展，還將會發現更多的遺址。

　　從更大的區域觀察，良渚古城東側的臨平遺址羣和東北側的德清楊墩—中初鳴遺址羣可以視為與良渚古城關係密切的遠郊，從而可以將這 800 平方公里的 C 形盆地內所有的良渚遺址視為一個超級大聚落，類似於後代的「京畿」（圖 10）。

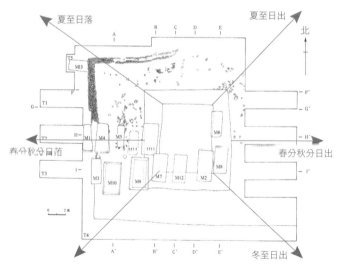

圖 9　瑤山祭壇及權貴墓地及祭壇的觀象示意圖

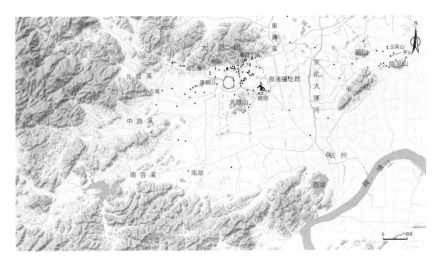

圖 10　Ｃ形盆地及其內的良渚文化遺址分佈圖

良渚古城的特點和意義

　　良渚古城遺址保存了早期國家的完整結構。良渚先民為開發水鄉平原而創造的「築土堆墩、飯稻羹魚」的居住和生產模式，在江南地區持續 5000 年而未曾改變，因此當時以人工土台為地貌形態存在的遺址被世代加高沿用，所以良渚古城遺址各城址區、水利系統、祭壇墓地、外圍郊區結構大體得以保存。目前在良渚遺址羣中，都邑、二級聚落、基層聚落類型齊全，是古國時代聚落研究教科書式的樣本，其完整性在世界上都非常稀有。

　　良渚古城遺址體現了都邑發展過程的完整性。古城的各功能區並非從一開始就完整具備，而是在一個較長的階段內逐步完成。根據年代學的研究大略可知，在良渚古城建設之前，距今約 5100 年左右，在遺址

臺周邊的山丘坡腳，已經分散瑤山、官井頭、吳家埠、北村等分佈着一些等級很高的聚落，聚落內部和聚落之間等級分化明顯，其中的上層精英應該就是良渚古城的規劃和設計者。到距今 5000—4850 年，水利系統、反山、莫角山宮殿區先行建造；約距今 4850—4600 年，卞家山、美人地等外郭和內城牆形成。因此良渚遺址臺動態記錄了從前古城時代到古城興建、發展、廢棄間千餘年的完整歷程，是研究文明社會產生發展的極好標本。

良渚遺址是中華文明形成過程中關鍵節點的關鍵遺址。

中國文明經歷了古國（邦國）—王國—帝國三個階段的發展。古國階段，被喻為「滿天星斗」，指剛進入文明門檻，萬國林立，是一種沒有中心的多元文明時期。其後是王國階段，涵蓋夏、商、周三代。雖然法理上是「普天之下，莫非王土」，實際上最高統治者天子只直接控制王畿地區，周邊區域都是相對獨立的諸侯國，是一種有中心的多元文明時期。其後秦滅六國，統一天下，推行郡縣制，實施中央政權對地方的直接管理，由此進入帝國時代。因此，從社會發展史角度而言，夏代和秦代分別是王國和帝國時代開端的關鍵節點，而目前而言，良渚正是進入古國這一關鍵節點證據最為充分的遺址，是滿天星斗中最耀眼的一顆。所以當之無愧地被視為實證中華 5000 年文明史的聖地。

在良渚文明確認之前，國際學術界只承認中華文明始於殷商時期，並不認可中華 5000 年文明的說法。隨着文明探源研究的不斷進展，特別是良渚古城的發現，越來越得到國際考古學家的關注。倫福儒先生近年多次指出良渚古城已展現出強大的社會組織能力，良渚文化的複雜程度超過英國的巨石陣、希臘的克羅斯等早期文明，已超出酋邦的範疇，是東亞最早的國家社會。而隨着 2019 年 7 月 6 日良渚古城遺址成功列入

《世界遺產名錄》，標誌着良渚屬於文明時代的觀點獲得國際社會的廣泛認可。

　　在世界文化遺產的角度，良渚古城作為良渚文化的權力與信仰中心，以建造於約公元前 3300—公元前 2300 年間的規模宏大的城址，功能複雜的外圍水利系統、分等級墓地（含祭壇）等一系列相關遺址，以及以具有信仰與制度象徵的系列玉器為主的出土物，揭示了中國新石器時代晚期在長江下游環太湖地區曾經存在過一個以稻作農業為經濟支撐的、出現明顯社會分化和具有統一信仰的區域性早期國家。

（作者係浙江省文物考古研究所研究員）

從海岱到齊魯：中華文明傳統的重要源泉

孫　波

　　史前稱為海岱地區的，是現在以山東為中心的黃淮下游。
在周代，這裏孕育了齊魯文化，有着自己獨特的文化和社會發
展路徑，在中華文明起源和文化傳統塑造中發揮了重要作用。

　　海岱地區文明是如何形成的？對以華夏為主體的中原文明
產生了怎樣的影響？齊魯文化在塑造中華文化傳統的過程中又
做出了怎樣的貢獻？從海岱到齊魯，讓我們一起探尋一二。

以山東為中心的黃河下游地處中國東部，泰沂山地是為地區重心，
歷史上著名的四瀆之黃、濟、淮都經過這裏，在《禹貢》九州中佔據了
青、兗、徐三州，與外圍的冀、豫、荊、揚諸州關係也十分密切。這個
地區，史前時期考古學上稱之為海岱歷史文化區，簡稱海岱地區，歷經
新石器時代和早期青銅時代，經過商周兩代的代謝，後來主要發展為齊
魯文化。

經過近百年的考古工作，海岱地區建立了完善的考古學文化框架，
從舊石器時代直到秦漢，不僅呈現了本地區文化發展的基本脈絡，也反
映了本地區各個階段的文化發展成就。其特點有二：一是連續發展，環
環相扣，是中華文明傳統從不間斷的典型代表；二是作為中華文化整體

的一分子，海岱地區對中華文明傳統的塑造做出了重要貢獻，其作用在文明起源和齊魯文化兩個階段尤其突出。

連續發展，環環相扣

　　海岱地區史前考古文化序列，在同時期諸板塊中是最為完善者之一。這得益於兩個方面：一是本地區從新石器文化早期一直到青銅時代早期基本穩定的發展狀態，雖然也表現出階段性的變化甚至轉折，但並沒有對文化進程產生決定性影響，仍然按照既定軌跡運動。二是本地考古工作者持續百年的艱辛探索和卓有成效的研究工作。自從 1928 年吳金鼎先生調查發現城子崖以來，幾代學者歷經 60 餘年探索，終於在 20 世紀八九十年代構建起海岱地區基本的新石器和早期青銅時代考古學文化框架，特別是大汶口文化和龍山文化階段，文化分期與分區的研究十分深入，成為黃河和長江中下游地區的標尺，良渚文化時代定位從龍山文化上移到大汶口文化中晚期，就是依據這個框架改定的。

　　目前，海岱地區新石器早期文化是扁扁洞一類遺存，可能還沒有產生農業，仍以狩獵採集為基本生計手段，年代距今約 10000—9500 年。然後是距今 9000 年稍早的張馬屯類遺存，處於扁扁洞和後李文化之間，然而從聚落和生計來看更接近後者，與後李文化一樣都是農業初興、聚落勃發的階段。至北辛文化，海岱歷史文化區基本形成。

　　從大汶口文化開始，經濟技術加速發展，人口快速增殖，社會分化逐漸加劇，複雜程度越來越高，聚落中心逐步成長，中期開始出現城址，至晚期，更加普遍。這時圍繞城址越來越多的聚落匯集起來，形成羣落，區域社會初步孕育，早期政體的雛形越來越清晰。但這種政體還

是建立在以血緣等級制度為基礎構築的社會關係之上，因此還不能算作真正的國家。這種趨勢進入龍山文化後開始轉向，血緣紐帶鬆弛下來，社會生活世俗性加強，人口激增，社會生產和人口流動性顯著增強，城址內不再以族羣劃分居地，雜居可能佔據主流，開始向真正的城市生活邁進，區域社會越來越成熟，最終推動着這種城市政體跨入了早期城邦社會，真正的國家產生了。龍山之後的岳石文化進入了早期青銅時代，龍山文化以來的社會面貌為之一變，雖然分佈範圍變化不大，但無論聚落總數還是密度都大大下降，文化面貌也改變很多，說明維持以前社會形態的條件已不復存在。整個社會表現為一般聚落代表的基層社會普遍趨於貧乏，但上層社會所在的中心聚落更加突出，無論是城牆還是高等級建築的規模、規格都遠邁從前，說明社會等級差距較以前顯著擴大，統治階層掌控社會資源的能力得到空前加強，社會開始以新的方式運行。岳石文化之後，本地區經歷了商代二里崗上層文化摧枯拉朽般的征服、殖民和殷墟文化階段持續的統治，然後被周文化代替。包容的周文化保留了更多的本地土著文化因素，海岱傳統得以回歸，在周文化的底色中，齊魯文化脫穎而出，造就了中國軸心時代文化思想的空前輝煌，還為帝制時代國家治理提供了制度和意識形態實踐。

對中華文明傳統塑造的貢獻

（一）文化轉折推動社會發展

　　海岱地區雖然以文化發展的連續性著稱，但其階段性亦很明確，尤其是在大汶口文化向龍山文化的過渡上，前後之間有些差別可以說是本質上的躍進。

強烈的血緣色彩是大汶口文化最突出的特徵，公共墓地體現的血緣網絡，厚葬表現的尊祖崇祀之風，都與祖先崇拜不可分割。這種現象貫穿了整個文化，進入晚期階段又出現新的變化，墓地規模變小，組羣分別細化，墓葬排列越來越整齊。顯示了對墓地秩序管理加緊的趨勢，推測這時個人在血緣體系中的位置開始變得重要起來，這種變化很可能是個人的權利義務、身份地位與血緣關係逐漸掛鈎帶來的，以前平等的血緣關係被注入了等級、親疏層次以及財富等新的因素，開始向着秩序化的等級體系轉變，後世所謂的宗族法則大概濫觴於此。與強烈的血緣色彩相伴的往往是濃厚的宗教氛圍，這不僅從喪葬風俗中的祖先崇拜可得確證，而且大家耳熟能詳的犬牲、龜靈崇拜、大口尊與刻畫符號等常見現象（圖1），亦足可證。

圖1　尉遲寺遺址出土大口尊與刻畫符號

進入龍山文化，幾乎一下子就轉變為世俗世界。最顯著的變化之一來自葬俗，家族墓地在很多地區基本消失，喪葬活動已沒了大汶口文化那種近乎偏執的狂熱，人們觀念中實用的苗頭開始壓過對祖先對宗教的熱情，體現出更多的現世關懷。大墓中表現宗教信仰的因素淡化很多，而表現墓主人世俗社會地位的因素增強了，墓坑的規模形制、葬具的配套、隨葬品的配伍關係、儀仗等制度性差別越發突出，與社會基層割裂的程度越來越大。許多遺址都可見到的祭祀坑、奠基坑、人殉、人牲等，可以明確地看到世俗權力的滲透，表現出強烈的暴力傾向，這是前一階段所沒有的現象，或許暗示通神權可能更多地已經為社會上層所控制，正與古史傳說中的「絕地天通」似乎相合。

如果從整個史前中國來看，會發現上述兩個文化階段之間的種種區別實際上只是我國歷史上第一次傳統大變革的縮影 —— 由仰韶時代的血緣和宗教世界轉向龍山時代的世俗生活，中華文明從此改觀，進入了新的境界，文化性格中烙上了深深的世俗化胎記。這個變遷是由具有樸素務實傳統的黃河流域特別是中原與海岱地區率先引發的，並深刻地影響到整個史前中國的腳步。

（二）文明起源及早期國家之路

目前一般把仰韶時代晚期和龍山時代所經歷的約 1500 年，作為追尋中國早期文明形成的關鍵階段，海岱地區這個階段屬於大汶口文化中晚期和龍山文化。實際上海岱地區聚落和社會的發展，早在大汶口文化早期距今 6000 年前後即表現出加速的勢頭，大型聚落開始出現，展示了強烈的社會分化程度。與其他地區一樣，大約從中期階段開始，文明化進程開始加速，首次出現了焦家這樣的城址，圍繞城址開始有普通聚落

集聚，區域社會開始孕育，向着實體化發展。到晚期，城址開始成組出現，周圍聚落更加密集，形成羣落，標誌着以城址為中心的區域社會已具雛形，成為政治實體。

不過從焦家、崗上等經過較為充分研究的聚落看，此時無論是城內還是城外居民，都還是聚族而居、聚族而葬，可見社會等級分化仍然是血緣等級，與財富經濟可能沒有直接關係，個人出人頭地的方式主要是威望的提高，需要通過宴飲和軍事才能，因此我們看到大汶口墓葬中那種濃郁的厚葬攀比風氣以及普遍的配鉞現象。因此這時期的政體可能還是一種類似酋邦的政體，需要依賴血緣和宗教兩條紐帶把整個社會編織成一體，權力結構主要建立在血緣等級體系基礎上，其社會性還不明顯。

到了龍山文化階段，聚落和社會發展一方面延續了大汶口以來的勢頭，另一方面傳統習俗出現了大幅度轉向。後者已如前述，前者則出現重要變化——以城市為中心的區域社會真正成熟了。龍山文化城址與大汶口城址比較起來，可能已經成為真正的城市。首先城內已經不按血緣關係劃分居地，開始雜居，個體家庭成為社會基本細胞，人口密度更大，居民的職業身份更加多樣，手工業生產和產品交換活動都發達起來，相應的貿易系統逐步形成。從聚落形態觀察，龍山社會存在三級管理體制：基層聚落——圍繞基層中心形成的聚落圈——圍繞地區中心由多個聚落圈構成的區域社會。雖然存在這麼密切的經濟文化關係，但區域社會在政治上都是相互獨立的，沒有附屬關係，其政治形態應該是早期的城邦社會。

（三）交流與互動：海岱地區對中華文明傳統塑造的獨特貢獻

海岱地區對中華文明進程產生重要影響的第一個階段是新石器時代晚期。乘着良好的發展勢頭和雄厚的社會基礎，從大汶口文化中期開始

海岱地區向外擴張，到大汶口晚期不僅佔據了淮河以北蘇皖北部廣大地區，並且向西挺進到中原腹地，其影響則遠邁於此，向南深入到長江流域，向西過晉南而達關中，向北則到了西遼河流域。其中尤其需要注意的是，大汶口文化西進對中原產生了深遠影響，可以說它的攪動，推動了以中原為中心的歷史趨勢的形成，從而加速了中華文明起源的進程。我們知道中原地區雖然文化發達，一度影響了大半個中國，但其本身傳統一直都是樸素的，社會分化很小，也沒有發展起來類似大汶口文化那種以複雜棺槨和葬儀以及宴飲、奢侈品為代表的社會制度。而到了龍山階段，中原地區卻突然具備了這些制度，甚至猶有過之。這些變化，學界普遍相信源自海岱地區的影響。到了龍山晚期階段，帶有大量東方因素的新寨期遺存也是突然出現於中原腹地，為二里頭文化的最終確立埋下了伏筆。因此，在中華文明起源和早期國家階段，海岱地區深度參與了中原王朝國家的形成過程，並以自己的獨特貢獻成為後者朝貢體系下國家結構的重要一元。

海岱地區對中華文明產生重要影響的第二個階段是東周時期，此時世界史上屬於「軸心時代」，印度、中東、希臘以及中國都出現了哲學和思想的巨大突破，並由此塑造了不同的文化傳統，影響整個世界。在中國，這個突破的重心便在齊魯，先秦諸子大多活動於此，魯國孕育了華夏文明的精神內核之——儒家思想，齊國則由管仲開闢了國家治理學說和制度實踐，其後又立稷下學宮，成為戰國時期百家爭鳴的文化中心。

強調「禮」和維護秩序的儒家文化，其誕生地魯國的考古材料頗能反映儒家精神實質，如魯故城佈局最能體現其對周禮的遵循，宮城居中，郭城環繞，內外城制、中軸線分佈，是目前先秦都城中最符合《周禮·考工記》「禮制」的實例（圖2）；再如魯故城乙組周人墓葬自西周中

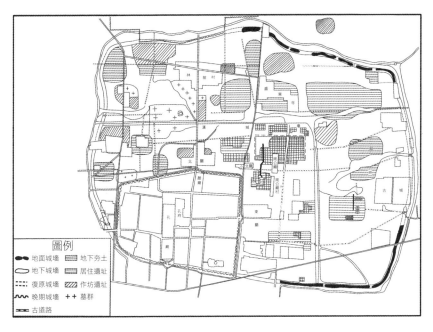

圖 2　魯故城平面圖

期到戰國時期男性墓葬隨葬鬲罐組合及奇數配置等，完全是周制的反映；儒家思想中人本的一面也在魯地禮制已經下沉至平民階層的考古發現中有所體現，這在其他諸侯國是見不到的。

　　齊文化則系統實踐了影響後世的國家治理制度。齊故城內外遍佈手工業作坊，市井之間設置了相應的市場，作坊尤以冶鐵鑄銅製陶最為普遍，渤海南岸製鹽業得到充分發展（圖3），並由此誕生了最早的鹽鐵專營制度；齊故城周邊乃至齊國範圍內分佈大量的高台建築，是齊國統治階層強化王權的手段；遍佈齊地的八主祭祀系統成為後世王朝國家自然神祭祀系統的主體架構；齊故城內出土的大量陶文可能表明齊國都城曾

圖 3　晚商時代的鹽灶

出現過里坊制度的雛形，這也是城市管理制度的創新；稷下學宮的創立
更為後世官學創辦提供了坱本。以《管子》為核心的齊文化強調禮法並
用、農商皆重的治國理念，強調國家控制下的經濟發展，相較於魯文化
對價值和原則的堅持，齊文化更強調實用與務實。

　　周代是華夏文化本體的形成期，華夏意識逐步滲透，華夏認同產生
了特殊的凝聚力，並由此誕生了華夏體系。出於宗周的齊魯文化不僅為
華夏體系的構建貢獻了制度框架和精神內核，而且深植於中華文明傳統
中，影響至今。

　　（作者係山東省文物考古研究院院長、研究員）

考古所見商王朝的「海洋資源」開發

燕生東

　　一望無際的海洋，吸引人的不只是神祕的海洋世界，還有無盡的資源寶藏。那些被視為生命食糧、百味之祖、國之大寶的海鹽，還有那些因質地堅硬、光澤鮮亮、表面瓷滑、外形奇特而被古人充當貴重裝飾物品和貨幣功能的各種貝螺，都來自這裏。

　　商王朝是什麼時候把邊疆擴張到東部沿海地區，又是如何大規模開發、獲取濱海鹽業、貝螺和漁業資源的？讓我們看看最近二十多年來東部沿海地區的最新考古發現了什麼。

考古發現表明，我國沿海地區居民早在距今 9000 年的新石器時代就開始開發近海漁業資源，經略海洋；距今 6000—4000 年，沿海先民已在遼東半島、膠東半島、江蘇和浙江沿海定期通過海洋開展玉器、稻米、高檔陶器等中短途貿易活動。傳統上認為，夏商周王朝核心區域位於河南、山西、陝西的中原內陸地區，不太重視經略海洋，這是不確切的。

　　早在商代，或者說自商代開始，各王朝就開始從國家層面上重視海洋、經略海洋，利用和開發海洋資源。最新考古資料和研究顯示，商王朝東部邊疆到達了今天黃海、渤海西岸，並大規模開發濱海的鹽業資

源、貝螺和漁業資源，還通過貿易等手段從更遠的海洋內獲取貨貝類資源。

商王朝疆域已到達東部沿海

周代、兩漢文獻上提及商王朝疆域已到達東部沿海。如《詩經‧商頌‧玄鳥》說商王武丁「邦畿千里，維民所止，肇域彼四海」，商王朝晚期疆域以四海為界，其東界到達了東部沿海；《淮南子‧泰族訓》也明確說「殷之地，左東海」，殷商東部疆土已經達東海，即今渤海或黃海海岸；《漢書‧賈捐之傳》記載，商王朝和周王朝最強盛的武丁和成王時期，東部邊疆已到膠東半島渤海東岸的黃縣（今龍口市）一帶。

夏商周時期，生活在今山東、江蘇省北部沿海地區的居民為東夷和淮夷族羣。古本《竹書紀年》記載，自商代中期，商王仲丁、河亶甲就多次攻打位於魯南地區的東夷支族藍夷，向東部沿海地區不斷擴張；古本《竹書紀年》還記載了商王南庚都遷於奄（在今山東曲阜一帶）、陽甲居奄，到了盤庚才自奄遷於殷（今河南安陽）之事，換言之，商王朝都城一度遷到距海岸不遠的魯中南一帶。

商代晚期，東夷、淮夷勢力強盛，是商王朝最強大的敵對方之一。

商王為了爭奪和控制束部沿海地區，曾多次攻打束夷，《左傳》提及商王「紂克東夷，而隕其身」，大傷元氣。殷墟甲骨卜辭和商代銅器銘文中，東夷被稱為夷方或人方，多次提到商王親領軍隊征伐夷方。據初步統計，與夷方相關聯的卜辭經綴合後就有 66 版，材料最豐富的為商王帝乙或帝辛（紂）十祀（年）和十五祀（年）征夷方，每次歷時竟達九個多月，才打敗夷方。

夏及商代早中期，東部沿海地區東夷、淮夷族羣的文化遺存在考古學上稱為岳石文化。商代初期，商王朝勢力還未向東方擴張，商代中期，開始大規模東擴，商文化逐步取代了岳石文化。目前，考古在河北東部滄州，魯北濱州、博興、臨淄、青州、濰坊，魯東南沂水、莒南、日照，江蘇連雲港、阜寧、鹽城等地發現了商文化村落遺址和墓地（圖1）。這些遺址和墓地出土了與岳石文化截然不同的中商文化典型陶器、銅器、卜骨、卜甲、玉、石器等，墓葬習俗如腰坑、殉狗、殉人及隨葬品種類與組合也同商文化完全一致。如此看來，商王朝中期東部疆域已到達渤海西岸、南岸內陸腹地，東部至濰河、白浪河、沭河一線，向東南至連雲港海岸以及淮河下游南側的阜寧、鹽城古海岸一帶。瀕臨黃海西岸的連雲港大村遺址一個坑內還出土了中商文化規格較高、器形高大的4件銅鼎、3件銅甗（圖2），有學者說這些銅器可能出土於一座高等級墓葬，這裏應是商王朝距海岸線最近的一處高等級聚落；有學者說這些銅器是商王祭祀海洋的禮器。不管怎麼說，蘇北連雲港、阜寧、鹽城一帶的黃海之濱是商代中期商王朝能直接接觸到海洋、開發利用海洋資源的地方。此時，中原地區的貝類、螺類、蛤類和海鹽主要來自該地區。

　　廣袤的渤海西岸、南岸濱海平原上未見到中商文化時期遺存，說明此時商王朝還不能從渤海沿岸直接接觸到海洋。但在商王朝晚期則發生了大變化。商代晚期即殷墟時期，商文化和勢力在西、北、南與東南部大範圍退縮，唯在東方地區發展最為穩定，並保持着強盛發展勁頭（圖3）。東方地區晚商文化聚落遺址數量較前一階段成倍、成十倍以上增加，出現了數量較多的、貴族居住的高等級聚落，文化內容上與殷墟文化關係密切，這裏成為商王朝晚期重點拓展和經略的區域。更重要的是，在長達300餘公里的渤海西岸、南岸地區（即萊州灣南岸）灘塗地

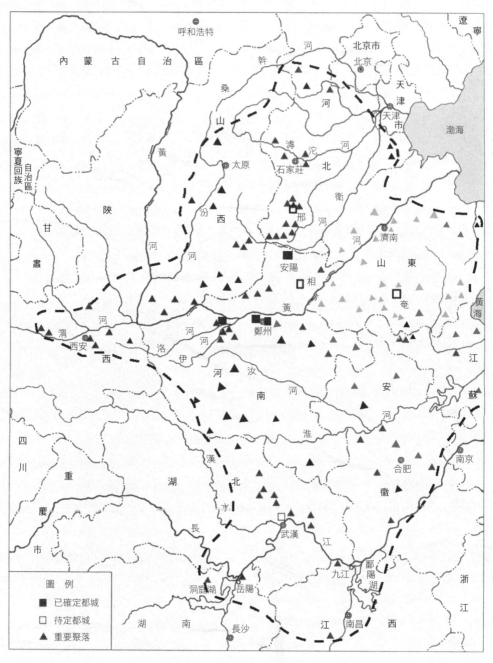

圖 1　考古所見商王朝中期疆域範圍示意圖

圖 2　連雲港大村出土的中商時期青銅甗和鼎

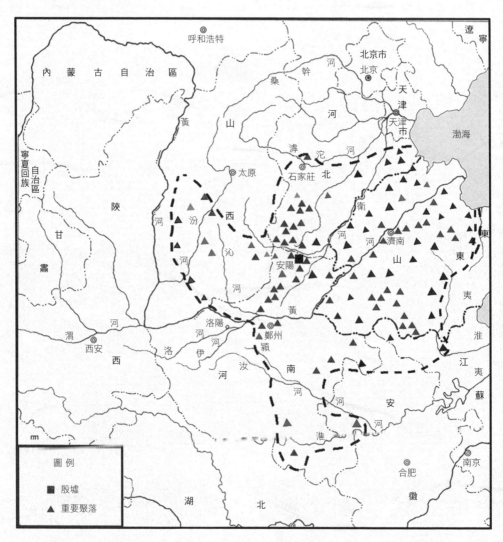

圖 3 考古所見商王朝晚期疆域範圍示意圖

上，出現了規模巨大的十多處商代鹽業聚落羣。這一帶也就成為商王朝晚期直接控制的，能通往海洋和開發利用海洋資源的地方。

商王朝晚期轉向東部沿海開發、利用海鹽資源

渤海南岸、西岸地區，即今萊州灣南岸和渤海西南部的古今黃河三角洲地區，大體包括了山東省萊州、濰坊、東營、濱州、淄博、德州，河北省滄州以及天津市靜海區等所屬的沿海平原。沿海平原多屬於泥質灘塗地，廣泛分佈着濱海鹽土，土壤嚴重鹽漬化，加之地勢平窪，潛水位高，排水困難，淡水資源又匱乏，海拔 4 米以下的地帶還常遭受渤海潮水侵襲，因而這一帶非常不適合農耕活動。為何有那麼多的殷商文化聚落出現在渤海西岸、南岸灘塗地上呢？

渤海西岸、南岸地區的製鹽原料非常豐富。不僅有取之不盡的海水，有古潟湖（境內有古巨澱湖、清水泊、黑塚泊、別畫湖）水、鹽鹼土等製鹽原料，還有儲藏豐富、鹽度遠大於海水（是海水的 3 至 6 倍）、容易獲取、易於煮鹽或曬鹽的淺層地下鹵水。此外，該地區地質、地貌、氣候與植物資源也便於曬鹽、煮鹽。濱海平原面積廣闊、地勢平坦，土質結構緻密，滲透率小，是開灘建場的理想土層；這裏四季分明，風多且大，光照充足，年蒸發量是年降水量（年平均降水量在 600mm 以下）的四倍左右；生長在濱海平原和河岸上的檉柳、茅草、蘆葦等植物還是煮鹽所需的燃料。總體而言，這一帶非常利於大規模鹽業生產，歷來為我國重要的海鹽生產基地。傳說中的炎黃時期宿（夙）沙氏就在這一帶發明了煮海為鹽。《逸周書》《左傳》《禹貢》《尸子》《國語》《管子》《周禮》《戰國策》《史記》《漢書》等周漢文獻提及這裏有「北海之鹽」「青

州貢鹽」「幽州魚鹽」「渠展之鹽」「齊國魚鹽之地三百」「齊之海隅魚鹽之地」「東萊魚鹽」等。據記載，東周時期齊國就發生了中國鹽政史上的一次革命——「食鹽官營」，包括食鹽的民產、官徵收、官府專運專銷、按人口賣鹽徵稅等制度。

鹽在日常生活中具有無可替代的作用。食鹽是人們必需的生活物資，是人類身體保持健康必不可缺的礦物質，被視為「百味之祖」「食肴之將（醬），人人仰給」（《漢書・食貨志》），用鹽醃製魚肉和蔬菜還是古代保存食物的重要方式。由於鹽產地的不平衡性，製鹽業為古代最早的特殊產業之一，鹽還成為人類最早、最重要的商品之一。中國各朝代都將鹽視為一種國家控制的重要戰略物資、賦稅最主要的來源，「鹽者，國之大寶」（《魏書・食貨》），「天下之賦，鹽利居半」（《新唐書・食貨志》），「國家經費，鹽利居十之八」（《元史・食貨二》），因而多施行嚴格的專營專賣制度。換句話說，鹽業生產和銷售在古代社會不僅是一項特殊的經濟生產活動，還是一項重要的政治活動。

渤海西岸、南岸地區地理位置也比較特殊。這裏為古黃河、濟（泲）水、古漯水、漳水以及古黃河支津——九河（學者考證為古徒駭河、太史河、簡河、潔河、胡蘇河、鬲津河、馬頰河、覆釜河、鈎盤河）的入海處，與夏、商、西周王朝控制的核心區域黃河中下游、濟水中上游渭河流域等，地理上連成一片。可以說，這裏是中國古代距夏商周王朝核心區域最近的沿海地區。渤海西岸、南岸地區生產的海洋資源可以通過古黃河、濟水、古漯水、古漳水等運往冀中南、豫北、豫東、豫中和豫西等中原腹地，因而很早就形成了與中原王朝連為一體的社會經濟網絡。

考古資料表明，夏王朝和商王朝早中期開發利用的是晉南的池鹽，

商王朝晚期則轉向東部沿海，大規模開發、利用了渤海西岸和南岸的海鹽資源。

近十幾年來，北京大學考古文博學院、山東省文物考古研究院等文博單位在山東省昌邑、寒亭、壽光等縣市橫跨 300 餘公里的濱海平原和灘塗地上進行系統考古調查，發現了央子、巨澱湖、雙王城等 20 多處晚商時期製鹽作坊聚落羣（圖 4）。「黃河三角洲古代鹽業遺址羣」入選「全國三普百大新發現」，2008 年的壽光雙王城商周鹽業遺址發掘還獲得當年的全國十大考古新發現。經考古系統調查、勘探和大規模發掘顯示，每一製鹽作坊聚落羣的分佈範圍從上百平方公里、數十平方公里至數平方公里不等，每處包含了數十個製鹽作坊，總數超過 500 個製鹽作坊；每個製鹽作坊單元由地下鹵水坑井、數百平方米的沉澱池與蒸發池、儲鹵坑以及巨型鹽灶、鹽棚等構成（圖 5），面積在 4000—6000 平方米，非常有規律，應存在着統一規制；每座單體鹽灶面積就達 30—40 平方米。據測算，每座鹽灶置放的煮鹽工具陶盔形器數量在 150—200 個（圖 6），每盔形器盛鹽 5—7 斤（圖 7），每灶一次舉火煮鹽就獲食鹽上千斤，整個渤海西岸和南岸年產量應達數十萬斤以上。據製鹵和煮鹽過程以及運送鹽製品與盔形器所需人數計算，每個製鹽作坊需鹽工 10 人左右，而商王朝控制的整個沿海地區，直接從事鹽業生產的人數應在 5000 人以上，規模是非常巨大的。

圍繞着製鹽作坊聚落羣，在靠近內陸的濱海平原上還發現了數量相當的聚落羣，這裏是鹽工夏季、冬季定居地，鹽工在這裏為鹽業生產準備肉食和燒製煮鹽工具（圖 4）。相鄰內陸腹地的河北滄州、魯西北、魯北等地區的晚商文化聚落比中商時期驟然增至 400 餘處以上，人口數量明顯增多，經濟與文化空前繁榮。這些聚落居民種植糧食為鹽工提供生

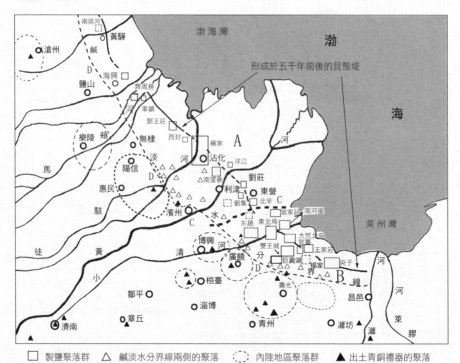

圖4　渤海西岸、南岸考古發現的製鹽聚落羣及內陸聚落分佈示意圖

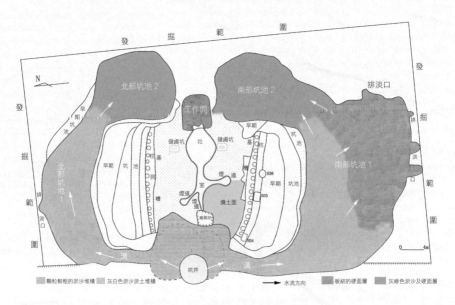

圖5　晚商時期單個製鹽作坊結構示意圖

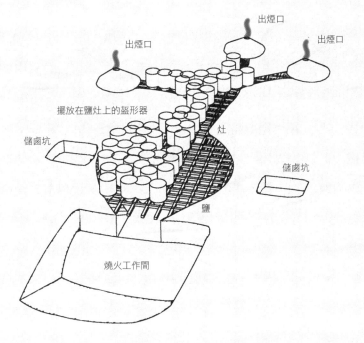

出煙口

出煙口

出煙口

擺放在鹽灶上的盔形器

灶

儲鹵坑

儲鹵坑

鹽

燒火工作間

圖 6 商代鹽灶煮鹽示意圖

圖 7 商代煮鹽工具陶盔形器

活和生產物資（如木材等），並承擔鹽製品向內陸運輸的任務。來自殷都及周邊地區的王室成員、官員、軍隊首領如醜、戎、並、鹵、融、戍寧等（圖 8）居住和駐紮在沿海平原及相鄰內陸高等級聚落和重要交通樞紐地區，他們保衞、控制、管理着鹽業生產、食鹽調配和外運。食鹽等通過古濟水、古黃河及其支流如九河源源不斷運往殷都安陽和中原腹地（圖 9）。

殷墟卜辭中記錄了商王朝在渤海沿岸一帶的鹽業活動。卜辭提及，商王非常重視鹽業，曾帥兵東巡海隅產鹽之地，在此振兵田獵，保護鹽田；商王還派重臣弜負責斂取或運輸鹵鹽。商王朝內有主管鹽業的專職官吏小臣鹵，商王還把小臣鹵分封在黃河三角洲距濱海鹽業生產較近的山東濱州一帶。

海洋產品維持着商王朝政治統治

渤海和黃海淺海、沿岸灘塗地上生長着各種貝、螺、海扇和魚。據勘察，渤海西岸和南岸地區灘塗地上，至少有三條形成於距今 6000—4000 年的貝殼堤裸露在地表上，其上堆積着成千上萬噸貝殼。海貝螺扇的外殼質地堅硬、不易損壞和腐爛，光澤鮮亮、表面瓷滑，紋理多樣，外形奇特，形體輕小，易於攜帶，深受夏商周時期人們的喜愛。加之這些貝螺來源於遙遠的海洋，不易獲得，比較珍奇、稀罕，因此被視為貴重物品，作為財富的象徵，用作人以及車馬上的重要裝飾品，用來表達不同社會等級和身份，並廣泛用於祭祀和宗教等禮儀活動。值得一提的是，某些寶螺即貨貝還作為流通、支付、儲蓄並體現一定價值或功能的貨幣，殷代銅器銘文和甲骨文就屢屢提及取貝多少個、多少朋，賜予某

戌寧

鹵

醜

戎

己並

融

圖 8　渤海西岸、南岸內陸地區出土晚商銅器上族氏或職官

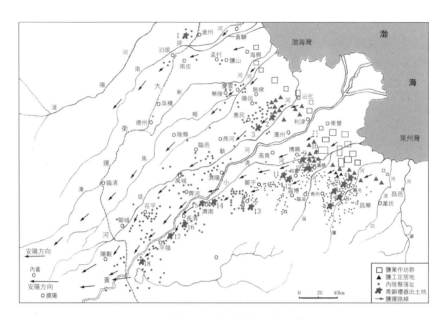

圖 9　晚商時期食鹽等內運示意圖

人某地生產的貝，賞賜某人貝多少朋，最多達到上百朋。

　　夏王朝和商王朝早期，中原地區出土海貝類數量較少，種類也不多。但是，隨着商王朝中期疆域向東部海濱擴張，在商王朝控制版圖內尤其在安陽殷墟等地已出土了數以十萬件之多的海貝蛤螺扇類，殷墟發現的商王武丁之妻婦好墓就隨葬出土貨貝近 7000 枚，青州蘇埠屯一號墓葬隨葬了近 4000 枚海貝。學者對殷墟早年出土的海貝、螺、蛤、海扇類進行了鑒定，共有 10 科 21 種，見於今渤海、黃海、東海。青蛤、文蛤、中華文蛤、毛蚶、海扇、筍螺科（杜氏筍螺、近平點筍螺）、縱帶錐螺、縱肋織紋螺、脈紅螺、托氏琨螺、扁玉螺、多形灘栖螺等（圖 10），均見於渤海泥沙底海岸和海灘以及貝殼堤上，也見於濱

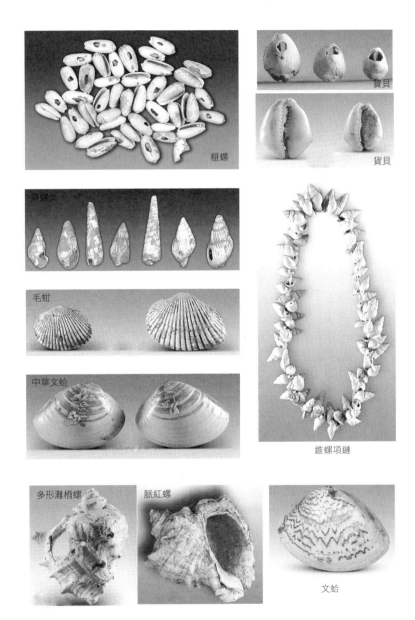

圖 10　安陽殷墟出土的海貝蛤螺蚶類

海的商文化聚落內。商末銅器賞賜海貝銘文中，往往在貝前加注地名以
說明貝的來源或產地，所提到的東貝、夒貝、奚貝的產貝地名，均位於
東方地區。傳山東梁山出土的小臣艅犀尊上銘文記載，在商王帝乙或帝
辛十五年征伐夷方歸來的路上，商王巡視了夒地，並賞賜小臣艅夒地產
的海貝。夒地靠近夷方，又出產海貝，應靠近海邊不遠。此外，安陽殷
墟還出土了一定數量的鯨魚和鯔魚骨胳，也應來自冀東和魯北沿海。也
就是說，商王朝不僅在渤海西岸、南岸開發鹽業資源，也捕撈、採集海
貝螺和魚類資源。

　　而數量較多的阿拉伯綏貝、大貝、寶貝、貨貝、黃寶螺、金環寶
螺、榧螺貝等，表面瓷白色或淡黃色，背部大多琢有一孔，可穿繫，在
商周時期被作為貨幣或具有貨幣功能。這些貝螺類多生活於熱帶和亞熱
帶暖海區。據鑒定，這些貝螺類分佈在今我國台灣海域、南海以及孟加
拉灣、阿拉伯海的西北海灣等。由於那裏還不是商王朝直接控制的領
土，這些貨幣類貝螺應是通過長途貿易或者其他方式獲得的。

　　因此，就考古材料而言，商王朝在中晚期就把疆域擴張到東部濱海
一帶，大規模開發和利用海洋資源，發展海洋經濟和貿易活動。同時，
海洋產品和海洋經濟在維持商王朝政治、經濟與社會運轉方面發揮了重
要作用。

　　（作者係國家社科基金重大項目「渤海南岸地區鹽業考古資料的整理
與研究」首席專家，山東師範大學教授）

海昏侯墓園考古與西漢史的新知

王子今

　　西漢海昏侯墓園考古發掘工作自 2015 年報道以來，社會關注熱度不減。該墓園考古的學術價值在於為說明西漢中晚期的文化史、經濟史和中外交流史，提供了前所未有的實證資料，並圖繪了帝制初期上層權力爭奪的史跡。

　　海昏侯劉賀在多大程度上受到儒學的影響？劉賀對江南農耕經濟有什麼貢獻？西北絲綢之路曾經給劉賀的生活帶去什麼樣的異域文化訊息？劉賀速敗後其家族命運的最終走向是什麼？讓我們一同去領略兩千餘年前那座高等級墓園的風采。

　　秦漢時期，中國文化進程發生顯著的轉變。對於由秦而漢的歷史演進，清人趙翼有「蓋秦、漢間為天地一大變局」的說法。他說，「自古皆封建諸侯，各君其國」，「積弊日盛」，「七國」「戰爭」已顯現「其勢不得不變」。「秦皇盡滅六國，以開一統之局」，後來「漢祖以匹夫起事，角羣雄而定一尊」，「其臣亦自多亡命無賴之徒」。「天之變局，至是始定。」秦漢政治變革，顯現「天意已另換新局」，而文化態勢與經濟水準，也發生了重要的變化。

　　秦漢考古收穫，對於說明這一歷史階段的進步，提供了確定的證明。而海昏侯墓園的考古成就，就是典型實例之一（圖1）。

圖 1　海昏侯墓主墓正射影像圖（郭晶攝）

儒學普及的社會表現

漢武帝「罷黜百家，表章『六經』」、「推明孔氏，抑黜百家」以來，儒學地位逐漸上升，佔據了社會意識形態的正統地位。這一變化，影響了中國古代思想史的基本格局。海昏侯墓出土的許多文物，可以作為這一歷史進程非常重要的實證。

在劉賀生活的年代，儒學究竟形成了怎樣的社會影響，文獻資料並不能提供很多的說明。「昭帝時舉賢良文學，增博士弟子員滿百人，宣帝末增倍之。」當時太學規模不過百人。這與成帝末「增弟子員三千人」比較，人數高下非常懸殊。我們看到史書中有劉賀「誦《詩》三百五篇」的記錄，而海昏侯墓出土文物，則通過 5200 餘枚竹簡和近百版木牘（圖 2），提

圖 2 《論語·雍也》竹簡

供了非常具體、確定的信息。已經有學者明確論說，劉髆、劉賀父子因
當世大儒的教授，「得以匯通『六藝』、兼習『五經』」。通過當時「貴族
官學傳承」的視角觀察，劉賀顯現出「儒生形貌」。「墓中所出簡本《易》
《春秋》《詩》繫於王吉，《詩》《禮》又見於王式」的情形，可以修正「漢
博士皆專經教授」的成見。「簡本所見西漢前、中期《詩經》《論語》乃
至《禮記》等『六藝』典籍流傳的複雜情況，遠非《漢書‧藝文志》的
概略歸結所能總括。」[1]

　　海昏侯墓出土大量的儒學典籍，可以看作文化史的時代標誌。這些
發現可以給予我們對於西漢儒學社會影響的全新觀感。海昏侯墓出土簡
牘的整理者還指出，篇題為《王會飲儀》的一類文本可以說明當時各項
禮儀的施行，都有成文的「儀」類文獻以為規範[2]。這無疑也為認識當
時社會禮俗的一個重要方面打開了新的視窗。出土以孔子形象為主題的
衣鏡（圖 3），受到學界注意。有學者指出，「孔子及其弟子畫像」以及
相關文字，「表明墓主劉賀深受孔子思想的影響」，甚至「暗含着墓主被
廢帝位後曾有過深刻的反思，以孔子的話語檢視、約束自己」[3]。

　　儒學在東漢社會已經非常普及。史籍載錄私學規模能夠達到弟子「著
錄且萬人」，諸生「著錄前後萬人」，門徒「著錄者萬六千人」。前溯至
西漢晚期，可以看到長安太學生發起學潮的記載[4]。通過海昏侯墓園的
考古收穫可以得知，儒學對於思想界、文化界的深刻影響首先在社會上
層即貴族集團中有所表現。

江南經濟振興史的初葉

　　劉賀作為「廢放之人屏於遠方，不及以政」，被安置在豫章郡。如

圖 3-1　孔子徒人圖漆衣鏡（正面）

圖 3-2　孔子徒人圖漆衣鏡（背面）

司馬遷所說,「衡山、九江、江南、豫章、長沙,是南楚也」,而「江南卑濕,丈夫早夭」,據司馬遷說,這裏「地廣人希,飯稻羹魚,或火耕而水耨,果隋贏蛤,不待賈而足」。劉賀「就國豫章」時「食邑四千戶」。其實際經濟權益,由「湯沐邑二千戶」(或說「三千戶」)大幅度增加。「海昏」地名,王莽時改稱「宜生」,可知環境條件有所改善。兩漢之際,因多方面的原因,北方移民大規模南下。我們比較漢平帝元始二年(公元2年)和漢順帝永和五年(公元 140 年)兩個戶口數字,138 年之間,豫章郡戶數增長了 502.56%,口數增長了 374.17%。在江南九郡國中,增長幅度僅次於零陵郡。而這一時期全國戶口呈負增長趨勢,分別為 -20.7% 和 -17.5%。當時,豫章郡接納了大量的南遷人口,生態環境「宜生」的條件無疑是非常重要的。

劉賀「食邑四千戶」,應當是當時江南地方最富有經濟實力的貴族。劉賀「就國豫章」,對於海昏地方勞動力的增加和生產經驗的傳入,應當有積極的作用。劉賀回到昌邑時,「故王家財物皆與賀」。但是海昏侯墓出土的大量資財,未必完全是他所繼承的「故王家財物」,應當也包括在「海昏」地方的開發和積累。

海昏侯墓發現隨葬的「水稻、粟、大麻、甜瓜、梅等五種可食用植物遺存」[5]。北方和南方農耕技術的結合可以因此得到反映。後來劉賀言辭被舉報,受到「削戶三千」的處罰,戶數竟然被削奪了 75%。這是非常嚴酷的懲治方式。不過,這「三千」戶百姓應隨即成為豫章郡行政區內由朝廷直接管理的編戶齊民,豫章海昏地方的農耕經濟實力並不會因海昏侯國「削戶」而受到損傷。

傅築夫曾經指出,自兩漢之際以來,江南經濟確實得到速度明顯優勝於北方的發展,「從這時起,經濟重心開始南移,江南經濟區的重要性

亦即從這時開始以日益加快的步伐迅速增長起來,而關中和華北平原兩個古老的經濟區則在相反地日益走向衰退和沒落。這是中國歷史上一個影響深遠的巨大變化,儘管表面上看起來並不怎樣顯著」[6]。分析這一「巨大變化」,應當關注海昏侯國所在「豫章」地方的經濟史坐標的意義。

海昏侯墓出土文物所見絲路史信息

北方草原民族習用的金屬牌飾,常見採用表現動物形象的圖案。有學者指出,「飾有回首式動物紋的馬具」,「多出於今蒙古、俄羅斯境內的匈奴貴族墓葬中」。海昏侯墓出土的銀質當盧(圖4)可能是最早的內地出土的「帶有回首式走獸紋的馬具」,其「圖像母題的淵源」,可以追溯到「北方和西北地區」,「是斯基泰風格、鄂爾多斯式銅器在漢代的延續」[7]。墓主可能為劉賀長子劉充國(圖5)的海昏侯墓園5號墓,清理時發現隨葬多種玉器。經分析,「約240件加工成器中,約70%為和田玉」[8]。墓中所出瑪瑙(圖6),有可能來自更遙遠的絲綢之路路段。凡此諸多現象,可以充實我們對於絲綢之路史的認識。

海昏侯墓出土金器的裝飾形式之所謂「花絲裝飾」,有的學者認為可以看作漢王朝與「希臘化世界」之「交往」的文物證據[9]。有學者稱之為「花絲工藝」「花絲技法」製作形成的「組合紋樣」(圖7),並判斷所採用的是「中國傳統細金工藝」[10]。類似討論,還有必要深入。有學者還注意到「海昏侯墓出土蟲草」,並論證「青藏東部緣邊地帶和中原內地的蟲草貿易」,注意到「氐」「羌」在「今河湟地區、甘南草原及川西地區與關中、成都平原之間」的交通與貿易活動中的作用[11]。這當然也是絲綢之路史考察應當關注的主題。

圖 5-1　劉充國銀印

圖 4　大角羊銀當盧　　　　圖 5-2　劉充國銀印

　　海昏侯墓出土的作為編鐘架構件的鎏金青銅鉤取駱駝造型（圖8），是長江流域較早出現的顯示駱駝形象的文物。漢宣帝平陵從葬坑出土駱駝骨骼引起重視。而年代更早的海昏侯墓的這一發現，對於絲路史考察的意義尤為重要。有跡象表明，西北絲綢貿易的主線與四川平原有交通聯繫。成都附近出產的「廣漢八稯布」在河西有集中的消費記錄。敦煌漢簡中有以「驢五百匹驅驢士五十人之蜀」從事運輸活動的簡文，可知從敦煌至「蜀」，存在絲綢之路的支線。長江一線對於「西北邊」的關注，

圖 6-1　貝形瑪瑙飾

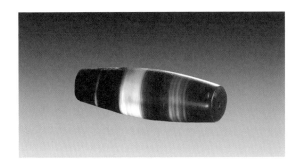

圖 6-2　管形瑪瑙珠

圖 6-3　瑪瑙珠

圖 7　馬蹄金、麟趾金一組

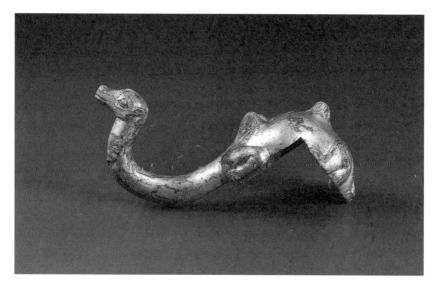

圖 8　鎏金駱駝形青銅笥簾鈎

有鄂城出土漢鏡銘文可以反映[12]。而海昏侯墓園出土文物則為大江東下至於豫章地方所受西北草原絲路的文化影響也提供了證明。

帝制時代初期的權力與秩序

自秦始皇時代帝制成立，「皇帝並有天下，別黑白而定一尊」，最高執政者的絕對權力得到確定。然而帝權後來又曾有動搖，出現立「不當立」者而後又「誅二世」，「立二世之兄子公子嬰為秦王」的情形。漢初呂太后執政終結之後的上層政局動盪也告知人們，帝制形態因帝權繼承人的擇定，可能出現變數。

劉賀入主長安，其實是漢文帝劉恆之後又一位諸侯王據帝位，承大統。霍光的權力起到了決定性的作用。據《漢書‧霍光傳》，漢昭帝去世，選擇帝位繼承人時，霍光否定羣臣所議廣陵王劉胥，稱「承皇太后詔」，迎昌邑王劉賀入長安（圖9）。然而劉賀「既至，即位，行淫亂」，霍光廢劉賀。丞相楊敞等向皇太后的報告中說「陛下未見命高廟，不可以承天序」，「當廢」。這一情節，以及劉賀最終被判定「不宜得奉宗廟朝聘之禮」，都特別值得注意。劉賀即位 27 日，受到指責 1127 事。被廢黜 11 年之後，又封為海昏侯。「海昏侯墓出土金餅『海昏侯臣賀元康三年酎金一斤』字樣表明（圖10），在他封侯的當年，還製作了大量準備用於助祭的酎金」。海昏侯墓出土劉賀玉印或解讀為「鴟紐」「梟紐」「鷹紐」，以為猛禽象徵，有學者解釋為與奏牘「南藩海昏侯」字樣相關，表達了「效忠朝廷，做國之屏藩之態度」。但是「劉賀回歸政壇中心之路」，已經被漢宣帝「徹底」「堵死」[13]。相關政治史跡象，都還可以深入探究。

圖 9-1 「劉賀」螭紐玉印

圖 9-2 「劉賀」螭紐玉印

圖 10 墨書餅金

宋人洪興祖討論屈原《懷沙》的深意，分析政治實體的迅急崩潰，使用了「速亡疾敗」一語。賈誼、司馬遷形容秦政敗壞，言「土崩瓦解」。西漢許多政論家仍然頻繁使用「土崩」「瓦解土崩」的說法回顧秦的短促而亡。司馬遷對於漢初王侯政治命運，也提示其「殞身亡國」「殞命亡國」的教訓。劉賀家族的命運，也演示了敗亡的「速」「疾」。劉賀去世時年僅 33 歲。據考古調查和發掘可知，祔葬劉賀的幾個兒子「還未及婚配」。「劉充國 5 號墓發掘結果」表明「為單人葬」，去世時「年齡當在 13—15 歲左右」。「6 號墓墓主劉奉親以及年齡更小的 4 號墓墓主也應沒有婚配。」「劉賀墓的幾例祔葬可能是考古發掘所見早期殤葬墓的」「珍貴的」「實例」。研究者還推想，「作為小弟身份的 4 號墓墓主」，「大約是頂着海昏侯國國除後的日暮殘雲走向這個墓地的」，「場面冷落得多」[(14)]。然而，與劉賀家族「速亡疾敗」大致同時，我們看到了其政治剋星霍光家族的衰滅。霍光曾經「立帝廢王，權定社稷」。但是他死後不過 4 年，其家族遭遇嚴酷的政治清洗，與霍氏相連坐誅滅者達數千家。5 年之後，劉賀的生命走到終點。也就是說，劉賀衰年，看到了霍氏家族的敗亡。

　　海昏侯墓園的考古發現，為說明西漢中晚期的文化史、經濟史和中外交流史，提供了前所未有的實證資料。就帝制初期上層權力爭奪的史跡，也描繪了多彩的畫面。發掘工作正在進行。對於今後將獲得的考古新識，學界和所有關心漢代歷史文化的朋友都滿懷期待。

　　（作者係國家社科基金重大項目「秦統一及其歷史意義再研究」首席專家，中國人民大學教授。除圖 1 外，本文圖片均由南昌漢代海昏侯國遺址博物館提供）

注　釋

（1）楊博：《海昏侯墓出土簡牘與儒家「六藝」典籍》，《江西社會科學》2021
　　　年第 3 期。

（2）田天：《西漢海昏侯劉賀墓出土「禮儀簡」述略》，《文物》2020 年第 6 期。

（3）王仁湘：《海昏侯墓孔子主題衣鏡散論》，《中華文化論壇》2020 年第 5 期。

（4）王子今：《王咸舉幡：輿論史、教育史和士人心態史的考察》，《讀書》2009
　　　年第 6 期。

（5）蔣洪恩、楊軍、祁學楷：《南昌海昏侯劉賀墓糧庫內出土植物遺存的初步研
　　　究》，《南方文物》2020 年第 6 期。

（6）《中國封建社會經濟史》第二卷，人民出版社 1982 年版，第 25 頁。

（7）陳宗瑞：《兩漢回首式走獸紋馬具試析》，《故宮博物院院刊》2021 年 2 期。

（8）江西省文物考古研究院、廈門大學歷史系：《江西南昌西漢海昏侯劉賀墓出
　　　土玉器》，《文物》2018 年第 11 期。

（9）劉艷：《漢帝國與希臘化世界的交往—再議海昏侯墓金器中的花絲裝飾》，
　　　《早期中國研究》第 4 輯，2021 年。

（10）楊一一等：《海昏侯墓出土馬蹄金、麟趾金花絲紋樣製作工藝研究》，《中國
　　　國家博物館文物保護修復論文集》，2019 年 1 月 3 日。

（11）李健勝、周連玉：《從海昏侯墓出土蟲草看漢代蟲草貿易》，《青海師範大學
　　　學報》2020 年第 5 期。

（12）周新：《論鄂城漢鏡銘文「宜西北萬里」》，《南都學壇》2018 年第 1 期。

（13）練春海：《海昏侯劉賀印印紐或為「鷹紐」》，《文匯報》2016 年 11 月 18 日。

（14）張仲立：《海昏侯劉賀墓園五號墓初探》，《江西師範大學學報》2019 年第
　　　4 期。

史前中國文明的格局

陳勝前

> 格局決定高度。中國文明為什麼能夠綿延五千年，這是由
> 其格局決定的。把握中國文明形成的格局，才能真正認識其
> 特色。
>
> 中國文明在世界範圍內處在何種位置？它是如何形成的？
> 其格局究竟怎樣？對後世的文明有着怎樣的影響？讓我們翻開
> 史前一頁，細察中國文明格局的本色。

在早期中國文明研究中，曾長期存在「中原中心論」的觀點，研究者把關注的重心完全放在中原地區，似乎只有中原才有文明。這也是考古學家蘇秉琦所批評的中國文明起源的兩個「怪圈」之一[1]，因為越來越多的考古發現顯示，中國文明起源的模式更像是「滿天星斗」「羣星璀璨」。過去二十多年來，有關中國文明起源的考古發現迎來了前所未有的高潮，良渚、陶寺、石峁、石家河等古城及相關考古遺存的揭示，充分展現了早期中國文明豐富多樣的發展模式。考古發現與研究顯示，早期中國文明是一個存在密切聯繫的互動圈，是一個相對獨立且完整的體系，但並不封閉。不過，中原中心論並沒有完全消失，它的升級版就是「華夏—邊緣」論，即認為農耕區的中國文明才是華夏中心，其餘是

邊緣。同時把中國文明看作一種依賴農耕內陸文明，似乎與海洋文化沒有關係，並將其視為中國文化後來落後的根源。這種考察的視角有失偏頗，與真實的歷史不符，我們應該從更大範圍的互動來考察中國文明的形成過程。20 世紀末，中國考古學的泰斗蘇秉琦先生在論及中國史前文化格局時提到，中國存在面向內陸與面向海洋兩大板塊。有關史前中國文明形成的研究，過去三四十年來，取得了很大的進展，但就中國文明形成的總體格局而言，既有研究多是立足於考古發現，還缺乏理論上的支持。這裏擬從世界文明發展視野下，運用文化生態理論來考察史前中國文明形成的總體格局，希望能有助於我們更好地認識中國文明的範疇。

世界文明視野下的中國文明

從源流的角度來看，世界史前文明的發展格局大體可以分為兩個層次。第一個層次是舊、新大陸的區分，即美洲大陸的文明與歐亞非大陸的文明各自獨自發展，兩者之間沒有明顯的聯繫。第二個層次是歐亞大陸東西兩側的區分，西側的中心是西亞文明，以兩河流域為中心，古埃及文明、古印度文明、古希臘文明都受到它的顯著影響；東側的中心是中國文明，以之為中心，在周邊興起一系列文明。

之所以形成這樣的格局，其根源在於農業起源。農業是文明的基礎，沒有農業，就不可能形成文明。農業能夠支撐更多的人口，能夠產生生產剩餘，使得部分人羣脫離農業生產，轉而從事手工業、行政管理、文化教育等活動，有利用社會複雜性的進一步提高。農業與文明的關係，一個經典例子就是比較澳大利亞與美洲，作為大洋洲主體的澳大利亞，早在四五萬年前就已經有人類，比人類進入美洲的時間要早，但

是這裏沒有出現文明。在歐洲殖民者到達澳大利亞的時候，這裏生活的還是狩獵採集人羣。相比而言，新大陸地區在墨西哥高原與安第斯山地區發展出來農業，尤其是在植物馴化方面對當代世界的貢獻巨大。此次基礎上形成了瑪雅、阿茲特克、印加等文明。就歐亞大陸而言，在其西側，西亞農業起源之後，逐漸擴散到尼羅河流域、印度河流域，並通過希臘半島進入歐洲大陸。擴散的方式包括人羣的遷徙與文化交流，古基因學、語言學與考古學研究都支持這樣的認識[2]。歐亞大陸東側也同樣如此。

農業生產的發展水平會影響到文明的複雜程度。非洲大陸除了尼羅河流域，文明發展進程相對遲滯，究其原因，農業發展受限是主要影響因素。美洲大陸因為缺乏可以馴化的大型哺乳動物，因此缺乏畜力，耕種與運輸都受到較大的影響；同時，這裏也缺乏有利於運輸的河流。維繫文明所需要物質交流更多處在象徵層次上，社會整合的程度較低，在此基礎上形成的文明在面對西方殖民侵略時顯得非常脆弱。更進一步說，農業生產的形態還會影響文明發展的特點。西亞地區發展起來的農業模式是作物農業與畜牧業分化，但兩者存在顯著的矛盾，從事兩種生計方式的羣體需要通過交換來實現互補。而在中國發展起來的古代農業，不論是北方的旱作農業，還是南方的稻作農業，都發展出來自給自足的農業生產方式，作物種植的同時，飼養少量不影響（甚至是有利於）作物種植的動物。兩種農業生產形態深刻影響了後來東西方文明的特性。

歐亞大陸東西側文明各自獨立發展而來，沒有充分證據證明歐亞大陸的文明是單中心起源的。一個直接的理由就是，兩個地區的農業是獨立起源的。兩個地區的文化區分甚至可以追溯到舊石器時代。整個舊石器時代，歐亞大陸東側的石器技術傳統與西側不同。即便到了舊石器時代晚期，全球出現石器的細小化現象，兩個區域還是有所不同，西側佔

主導地位的是細石器技術（microlithic technology），東側是細石葉技術（microblade technology），兩者的工具加工習慣有所差別[3]。當然，歐亞大陸東西兩側之間並不像舊、新大陸那樣存在顯著的隔絕，兩者之間至少存在兩條可以溝通的通道。一條是歐洲草原帶，這是史前的「絲綢之路」，在馬、牛馴化以及有輪車輛出現之前，東西兩側的交流還比較困難，交流是斷續進行的，其時間尺度是以千年、萬年來計算的，解剖學上現代人可能利用這條路線擴散。另一條是沿海的通道，這可能是「海上絲綢之路」的最初形態。現代人走出非洲過程中用到這條通道，四五萬年前人類進入澳大利亞必定要穿越一段開闊海洋，沒有舟楫的幫助是不可能的，因此，有理由相信人類早在這個時候就能夠在海洋上航行（人類也可能通過此種方式進入美洲）。通過兩條通道，歐亞大陸東西兩側在史前時代保持着一定的聯繫。

史前中國文明的四大文化生態板塊

由於文明的基礎是農業，而農業是一定區域自然環境條件與人類文化發展相互作用的結果，因此形成文化生態關係。自 20 世紀中葉人類學家朱利安·斯圖爾特（Julian Steward）提出文化生態學以來，它成為解釋區域文化差異的重要理論基礎。中國與西亞是世界上最早的兩個農業起源中心，這兩個地方都有適合馴化的動植物物種。考古發現與 DNA 研究都表明狗的馴化早在舊石器時代晚期已經出現，這說明人類早就知道馴化是什麼。更新世結束，舊石器時代人類所依賴的動植物羣發生了重大改變，此前所採用的高流動性策略（中國北方以細石葉技術為代表，長江中下游以石片技術為代表）難以為繼。人口、有馴化潛力的動植物、

全新世更加穩定的氣候等等條件協同作用，推動了農業起源。農業開啟了人類利用環境的全新方式，它所能支持的人口密度遠高於狩獵採集等方式。到了新石器時代中期，農業生態文化系統形成，馴化的動植物相互補充，狩獵採集在生計中所佔比例退居次要地位，聚落形態、社會結構、意識形態等等都發生深刻改變。以這樣的農業文化生態系統為基礎，文明開始起源。同時，不同農業文化生態系統深刻影響所支持的文明形態。

立足於文化生態理論原理，我們可以把史前中國文明的發展分為四大板塊：東南板塊、西北板塊、生態交錯帶板塊、海洋板塊（或稱海陸交錯板塊）。不同板塊的文化生態條件存在明顯差異。東南板塊適合農耕，能夠支持較為稠密的人口；西北板塊以草原荒漠為主，更適合遊牧；生態交錯帶板塊是指大致沿着黑騰線（黑河—騰沖）分佈的農耕與遊牧的交界地帶；海洋板塊也是一個文化生態交錯帶，是陸地與海洋的交匯地帶，兼有陸地與海洋資源，濱海環境初級生產力高，是許多魚類、鳥類及其他動物的宜居棲居地，是人類可以長時間穩定利用的生活區域。四大板塊之間存在密切的互動，構成史前中國文明的基本文化生態框架，也是中國文明發展的基本格局。從考古發現來看，史前中國文化的發展歷程清晰地顯示了中國文明正是在這樣的格局中形成了多元一體、開放包容的基本特徵。

農耕的東南板塊

東南板塊是指黑騰線生態交錯帶以東、以南區域，這是農耕文明的核心區域。中國作為最早的兩個農業起源中心之一，同時擁有華北

的旱作農業與長江中下游稻作農業兩個起源區。事實上，一萬年前後
的舊、新石器時代過渡期，在華南地區還發展了一種依賴根莖種植與
水生資源利用的園圃農業。根莖作物是無性繁殖，因此，即便已經馴
化，也很難看到證據。東北地區距今六千年前後才開始出現農業，但
這裏的土壤與水熱條件適合農耕，後來也發展成為農耕區域。東北地
區在舊、新石器時代過渡期通過依賴水生資源，發展出來一種定居的
狩獵採集經濟，又稱為「漁獵新石器文化」[4]。以之為經濟基礎，形
成較為複雜的社會組織形態。儘管東南板塊的各個區域農業開始的時
間並不相同，生業形態也各有差異，但是其新石器文化普遍具有較高
的定居性，這構成了東南板塊顯著的共性，農業最終成為這個板塊主
要的經濟形式。

　　目前的考古發現與研究充分地展現了農業發展與文明起源之間的關
係。東南板塊的核心是黃河與長江中下游地區，這兩個區域是農業起源
的中心地帶，也是文明起源的中心區域。考古證據顯示中國文明的起源
中心不止一個，而是有多個，尤為重要的是，每個文明起源中心都有其
完整的新石器時代文化發展序列。遼西地區的紅山文化進入文明階段，
在此之前有趙寶溝文化、興隆窪文化，它們構成遼西地區的新石器時代
一脈相承的傳統。長江下游的良渚文化以其規模壯闊的城市、工程巨大
的水利系統，等級清晰的墓葬制度等清晰地顯示了五千多年前中國文明
的發展水平，而向前追溯，還有松澤文化、馬家浜文化、河姆渡文化、
跨湖橋文化、上山文化，一直延伸至距今一萬年前後，這些文化之間也
是一脈相承的關係，非常清楚地顯示了文明是如何從萌芽到形成的。其
他地區同樣如此，20 世紀 70 年代末，蘇秉琦先生提出區系類型理論，他
所提的六大區系中的五個都各自形成了文明發展的脈絡[5]。這些新石器

時代的考古學文化都是以農業為基礎的。不同地區具有不同的文化生態條件，史前農業的基礎條件、發展速度、發展水平並不一致。如遼西地區是農業生產相對邊緣的地帶，因此紅山文化的經濟基礎較為薄弱，在文明發展進程中更強調以祭祀的形式來實現社會整合的目的。長江下游良渚與長江中游石家河文化的文明發展都是以稻作農業為基礎，經過一段時間繁榮之後，其文化生態條件惡化（如人口擴張進入洪水容易氾濫的區域），文明衰落，中原地區以其更有利的文化生態條件，成為文明發展的核心區域。

佔半壁河山的西北板塊

西北板塊以草原、荒漠、高原等地形為主，受溫度、降水條件的影響，這裏的初級生產力較低，動物羣流動性大。與之相應，栖居在這一地帶的早期人類流動性也較大，有利於文化傳播。早在舊石器時代晚期，這個地帶就存在明確的史前文化傳播的證據，以勒瓦婁哇技術為特徵的莫斯特石器工業出現在新疆吉木乃的通天洞、內蒙古東烏珠穆沁的金斯泰、赤峰的三龍洞、寧夏靈武水洞溝等遺址中，某種意義上說，這是舊石器時代的「絲綢之路」。距今五千五百年前後，隨着馬的馴化，歐亞大陸的溝通條件大大提高，東西方的文化交流更加便利，大小麥、牛羊等馴化物種先後傳入中國，促進了中國文明的發展。有了馬牛羊等物種，人類穩定利用草原地帶成為可能，隨後在這一地區青銅文化的基礎上發展出遊牧政權。由於遊牧經濟並不是自給自足的，一方面需要與農耕羣體發展貿易交換；另一方面，遊牧羣體利用騎射的優勢形成劫掠的傳統。交換與戰爭構成了西北板塊與東南板塊互動的主要方式，而從

文化生態學的角度來看，它們又構成了共生（symbiosis）的關係。需要強調指出的是，西北板塊不是東南板塊或者說華夏的邊緣，而是與東南板塊相互依存的文化體，是華夏文明的另外一半。在中國文明形成過程中，它參與其中，而不是置身於外的。它參與構建了早期中國文明，也塑造了歷史時期中國文明的基本旋律。

一個直接的考古證據就是石峁遺址以及周邊一系列城址的發現。石峁文化作為一個文明起源中心，並不在蘇秉琦先生所提出的六大區系類型之內。一個合理的解釋可能是，它是東南板塊與西北板塊相交融的產物，否則很難回答為什麼在這個農業生產的邊緣地帶出現如此發達的文明，而且沒有遼西那樣完整的新石器時代文化發展序列。

還有一個現象非常值得注意，民族志上沒有草原地帶的狩獵採集者，儘管有考古證據顯示舊石器時代這個地區就有人類生存。草原的文化生態條件較為惡劣，如果沒有農業（包括畜牧、遊牧經濟在內），人類很難穩定地利用這片廣袤的區域[6]。換句話說，人類對草原地帶的穩定利用是農業生產內部分化的產物，最早西亞地區從農業中分化出畜牧業，這樣的發展同樣見於中國北方與草原地帶交界的地區，其中經歷了從畜牧到遊牧的發展過程。農業羣體的影響還表現在青藏高原的拓殖上，目前在青藏高原發現了一些舊石器時代人類生存的證據，不否認在氣候適宜時期和食物豐富的季節，人類可能利用青藏高原。但是從狩獵採集者的文化生態原理來看，這裏的初級生產力相當於北極地區，而且高原缺氧的環境還會限制人類的行動能力，長年穩定利用是非常困難的。體質人類學、基因學、語言學等多學科的證據都表明，青藏高原長期居住的人羣更多來自農業羣體，尤其是中國北方地區[7]。從這個角度說，西北板塊的充分利用與東南板塊的農業分化相關。

作為樞紐的生態交錯帶板塊

需要注意的是，西北板塊與東南板塊的互動並不是直接發生的，而是通過從東北到西南的生態交錯帶地區實現的，這個地區堪稱中國文明演進的「樞紐」。早在 20 世紀 80 年代，童恩正注意到早期中國從東北到西南存在一個半月形文化傳播地帶。英國考古學家傑西卡·羅森稱之為「中國弧」，是連通歐亞大陸東西文化的橋樑[8]。文化生態交錯帶（ecotone）同時具有兩個生態區的資源，相比於單個生態區的資源種類更豐富，但是由於它處在兩個生態區的交界地帶，隨着氣候環境的變化，這個交界地帶的位置頻繁遷移。因此，其資源供給具有不穩定性的特徵。生活在這個地帶的史前人羣，需要根據環境的變化不斷調整其文化適應方式。調整的方式不僅僅包括生計方式的改變，還包括人羣的頻繁流動。這一特徵在遼西地區新石器時代考古材料中可以清楚看到，當時人們在狩獵採集與農業之間徘徊，相對於華北地區，其人羣遷居的頻率更高。

生態交錯帶是一個人類文化適應不穩定的區域，也正是因為這種不穩定性導致西北板塊與東南板塊之間產生更多的互動。也正是在這個意義上，它成為文化交融的地帶，成為中國文明演進的「樞紐」。

早在舊石器時代晚期晚段，也就是距今兩萬六千年前後，細石葉技術就在這個地帶起源。不過，當時的氣候正在進入末次盛冰期，氣候寒冷，生態交錯帶的位置在如今的華北地區。細石葉技術融合了歐亞大陸西側與華北本土的石器技術，是在兩者基礎上的創新發展。進入全新世，農業時代開啟，在氣候溫暖濕潤的時候，農耕文化入駐這個板塊；在氣候乾冷的時候，西北板塊的文化控制這裏。在歷史時期，它又是西北與東南兩大板塊爭奪的過渡區域。受到氣候的影響，這個弧形地帶的

變化範圍始終不定,也正是因為這種模糊的空間範圍,導致西北與東南板塊人羣在這個地帶進行頻繁的互動。這個地帶作為史前中國文明發展的樞紐,把東南與西北板塊緊密聯繫在一起。歷史上的中國,疆域廣闊朝代的都城位置大多靠近這個地帶的邊緣,如漢唐的長安,元明清的北京,由此加強東南與西北板塊的聯繫。

被忽視的海洋板塊

相比其他三個板塊,海洋板塊更少受到重視。這裏有個原因,末次盛冰期時,海平面下降了一百多米,幾乎全部的渤海、黃海,近一半的東海,三分之一的南海都變成了陸地。有研究表明末次盛冰期時代這個區域可以支持以漁獵為生的複雜狩獵採集者社會。隨着末次冰期的結束,海平面上升之後,這些複雜的狩獵採集者向內陸地區遷徙[9]。一方面會帶來人口密度的提高,以華北地區為例,即便當時人口零增長,人口密度也會因此翻番;另一方面,他們會把社會複雜性帶到內陸地區,導致社會競爭加劇,農業起源會因此加速。如果這個推斷合理的話,那麼就可以說,海洋板塊曾經在史前中國農業起源過程中發揮了重要作用。這個推斷可以解釋「上山文化之謎」。上山文化作為發現於浙江地區的新石器時代文化,其年代較之發展水平相似的其他新石器時代文化(如彭頭山文化、後李文化、興隆窪文化等)要更早。上山文化的陶器組合類型豐富,器型碩大,部分器物如壺,製作精緻,完全不像是最早階段的新石器時代文化;此外,目前還發現上山文化時期能夠釀酒的跡象(如義烏橋頭遺址)。這些特徵可能與「宴饗」行為有密切的聯繫,代表當時的社會存在一定的社會複雜性,而這正是海岸狩獵採集者文化適應的重

要特徵。從這個角度來看，海洋板塊開啟了中國文明的進程。如今這個地帶基本都已經為海洋淹沒，未來的中國的水下考古或許可以將之作為一個重要課題進行研究。

長期以來，中國文明都被視作農耕文明，與海洋似乎沒有什麼關係。距今六千年前後，史前中國農業的文化生態系統成熟，除了有馴化的動植物、相應的工具，更重要的是，還形成了相應的社會組織、耕作制度以及意識形態觀念。史前中國農業的文化生態是以自給自足農業為基礎的，即作物種植的副產品可以用來飼養動物。當這套系統成熟之後，我們從考古材料上可以看到，農耕文化開始擴散。北方地區的廟底溝文化達到了前所未有的廣闊範圍。南方地區發生了更加規模宏大的文化擴散，稻作農業與家畜飼養經濟先傳播到台灣，然後經由菲律賓羣島擴散到整個大洋洲地區，向西至非洲的馬達加斯加，向東至夏威夷、復活節島，這也就是著名的南島語族擴散事件。水稻如今是全球一半人口的主食，正是通過這次大規模的文化擴散事件，稻作傳播到了東南亞、南亞、大洋洲的許多地區[10]。通過海洋，史前中國文化產生了深遠影響。近現代以來，這個板塊成為東西方文明的主要交匯地帶，是改革開放的前沿，深刻影響了當代中國的發展。因此，我們沒有理由認為早期中國是一個內陸文明，海洋板塊也是中國文明不可分割的一個部分。

結　語

當代中國處在百年未有之大變局，曾經在一百多年的時間裏，中國文明被貼上各種標籤，用以標識中國落後的形象。2021 年是現代考古學在中國發展的一百周年，百年中國考古學，經過幾代考古學家的努力，

我們日益認清史前中國文明宏大的格局，其多元一體、開放包容並不限於若干個文明起源中心之間，而是由四大板塊構成的。這一文化發展格局更符合考古材料所呈現的特徵，也更有利於我們擺脫過去所附加的種種標籤——不是基於事實而是基於偏見的判斷。在新時代背景下，我們有理由相信，歷史悠久的中華文明將歷久彌新，在更宏大的格局中取得更大的發展。

（作者係國家社科基金重大項目「新時代中國特色考古學理論體系研究」首席專家，中國人民大學教授）

注　釋

（1）　蘇秉琦：《中國文明起源新探》，北京：生活·讀書·新知三聯書店，1999年。

（2）　Harris, D. R. ed., *The Origins and Spread of Agriculture and Pastoralism in Eurasia.* Washington: Smithsonian Institution Press, 1996.

（3）　羅伯特·G·埃爾斯頓、史蒂文·L·庫恩主編：《小工具大思考：全球細石器化的研究》，陳勝前譯，上海：上海古籍出版社，2019年。

（4）　趙賓福：《嫩江流域新石器時代生業方式研究》，《考古》2007年第11期。

（5）　蘇秉琦、殷瑋璋：《關於考古學文化的區系類型問題》，《文物》1981年第5期。

（6）　Binford, L. R., *Constructing Frames of Reference: an Analytical Method for Archaeological Theory Building Using Ethnographic and Environmental DataSets.* Berkeley: University of California Press, 2001.

（7）　陳勝前：《史前的現代化：從狩獵採集到農業起源》，北京：生活·讀書·新知三聯書店，2020年。

（8） Rawson J.,「China and the steppe: reception and resistance」, *Antiquity* 91:375-388, 2017.

（9） d'Alpoim Guedes, J., Austermann, J., Mitrovica, J. X.,「Lost foraging opportunities for East Asian hunter-gatherers due to rising sea level since theLast Glacial Maximum」, *Geoarchaeology* 31: 255-266, 2016.

（10）彼得・貝爾伍德：《最早的農人：農業社會的起源》，陳洪波、謝光茂等譯，上海：上海古籍出版社，2020 年。

從考古發現看 8000 年以來早期中國的文化基因

韓建業

世界幾大古老文明當中，為何只有中華文明數千年生生不息、長盛不衰？為什麼只有中華文明是有中心的多元一體結構？答案就在於中華民族獨特的文化基因。

百年以來，在幾代考古學家的艱苦努力下，中國考古學取得了巨大成就，其中一個重要貢獻就是，讓我們逐漸看清了中華民族的文化基因，竟可追溯到距今 8000 多年前。

百年以來，在幾代考古學家的艱苦努力下，中國考古學取得了巨大成就，其中一個重要貢獻，就是讓我們逐漸看清了早在史前時期，就已經形成了多支一體有中心的文化意義上的早期中國，成為夏商周王國以至我們現代統一的多民族國家的基礎。從距今 8000 多年文化上早期中國的萌芽，距今 6000 年左右文化上早期中國的形成，到距今 5000 多年早期中國文明的形成，距今 4000 年以後早期中國文明走向成熟，長達數千年的時間裏，早期中國經歷了跌宕起伏的連續發展過程，錘煉出了有別於世界上其他文明的特質，成為「中華民族生生不息、長盛不衰的文化基因」。

早期中國及其文化基因的形成，與地理環境和氣候有很大關係。中國是世界上最廣大的適合發展農業的地區。早在距今一萬年左右，中國南方和北方就分別發展出了世界上最早的稻作和粟作農業，距今 8000 多年前後，以黃河、長江流域為主體的「南稻北粟」兩大農業體系基本形成。因此，中國很早就形成了「以農為本」的基本觀念，並在此基礎上形成了獨特的文化基因。

整體思維　天人合一

中國始終秉持一種整體性、連續性的宇宙觀，這可能是因為龐大的中國農業社會對大自然的特別敬畏，或者是中國人因農時之需對天文曆法的格外重視。這種整體性的宇宙觀，本身就包含了整體思維、天人合一的文化基因。

距今 8000 年左右，在屬於裴李崗文化的河南舞陽賈湖遺址，較大的成年男性墓葬中，就隨葬骨規形器（圖 1）、骨律管（骨笛）（圖 2）等被認為可能用於觀象授時的天文工具，中國天文學已初步產生。

隨葬裝有石子的龜甲，龜甲上刻有字符，當與用龜占卜和八卦象數有關。龜背甲圓圓而腹甲方平，或許「天圓地方」的宇宙觀已有雛形。在湖南洪江的高廟遺址，精美白陶上出現了最早的八角星紋圖案，可能表達了八方九宮、「天圓地方」的空間觀念；還有太陽紋、鳳鳥紋、獠牙獸面飛龍紋以及天梯紋等圖案，結合遺址「排架式梯狀建築」的存在，展現出濃厚的通天、敬天的原始宗教氣氛（圖 3）。在遼寧阜新查海及附近遺址，也發現了石頭擺塑的長龍和獠牙獸面龍紋形象。大體同時期，在浙江義烏橋頭、蕭山跨湖橋遺址，發現了彩繪或刻劃在陶器、骨器等

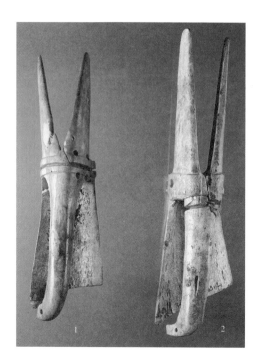

圖 1　賈湖遺址出土的骨規形器

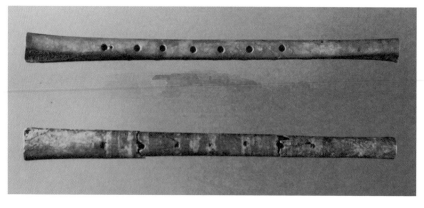

圖 2　賈湖遺址出土的骨笛（骨律管）

上面的六個一組的陰陽爻卦畫、數字卦象符號，和《周易》、八卦符號很像，與賈湖的龜占數卜當有密切聯繫。距今 7000 年前後，八角星紋、獠牙獸面紋圖案在中國大部地區流行開來，表明「天圓地方」的宇宙觀及其敬天觀念得以大範圍擴展傳承，比如 5000 多年前安徽含山凌家灘的「洛書玉版」和獸翅玉鷹（圖 4），在它們的中央部位都雕刻有八角星紋圖案。另外，在河南濮陽西水坡遺址發現距今 6000 多年的蚌塑「龍虎」墓，被認為將中國二十八宿體系的濫觴期提前了數千年。在遼寧凌源和建平交界處的牛河梁遺址，發現距今 5000 多年的由三重石圈構成的祭天「圜丘」或「天壇」，外圈直徑恰好是內圈直徑的兩倍，和《周髀算經》裏《七衡圖》所示的外、內衡比值完全相同，被認為是「迄今所見史前時期最完整的蓋天宇宙論圖解」。

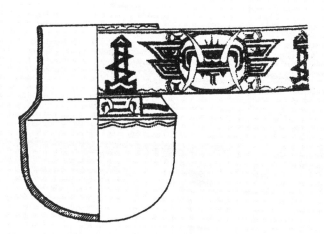

圖 3　高廟遺址的獠牙獸面飛龍紋和天梯紋

圖4　安徽含山凌家灘遺址的「洛書玉版」和獸翅玉鷹

　　「天圓地方」的宇宙觀，以及與此相關的觀象授時、天文曆法、象數龜占、陰陽八卦、通天敬天等，是一種將天地宇宙、人類萬物統一起來的強調普遍聯繫的整體性宇宙觀，是一種動態而非靜止的宇宙觀，是一種將原始宗教和數字理性結合起來的思維方式，在後世則被歸納為「天人合一」思想。在這種宇宙觀的支配下，我們的祖先對天地自然始終抱有敬畏之心，發展到《周易》《道德經》所代表的尊重自然、順應自然、適時而為的世界觀，陰陽互補、對立統一、變動不居的辯證思維，滲透到每一個中國人的血脈中，奠定了中國古典哲學的基石，引領了中國文明的發展方向，並產生了深遠影響。

祖先崇拜　以人為本

　　農業生產需要一羣人在一片土地上長期耕耘、繁衍生息，容易產生以共同祖先為紐帶的延續性很強的血緣社會。早期中國作為世界上體量最大的農業文化區，形成祖先崇拜、以人為本的文化基因自然是在情理之中。

中國史前墓葬強調「入土為安」，有專門墓地，土葬深埋，裝殮齊整，隨葬物品，體現出對死者特別的關愛和敬重，應該也是現實社會中十分重視親情人倫的體現，最早在裴李崗文化中就有體現。

在河南新鄭裴李崗、郟縣水泉（圖 5）、舞陽賈湖等許多裴李崗文化遺址，居住區附近都有公共墓地，應該是同一羣人「聚族而居，聚族而葬」的結果，體現了可能有血緣關係的同族同宗之人生死相依的親屬關係，將《周禮》記載的「族葬」「族墳墓」習俗提前到距今 8000 年前。同一墓地分區或者分羣，排列整齊，應該是現實社會中存在家庭、家族、氏族等不同層級社會組織，以及長幼男女秩序的反映。

隨葬較多特殊物品的大墓多為成年男性，說明一些宗族領袖的地位已經比較突出。同一墓地能夠延續一二百年甚至數百年之久，可見族人對遠祖的棲息地有着長久的記憶和堅守，可能也為後世子孫在這塊土地

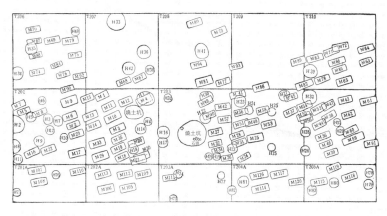

圖 5　郟縣水泉墓地平面圖

上長期耕種生活提供了正當理由和「合法性」。裴李崗文化等的土葬、族葬習俗，在同時期的世界範圍內具有唯一性，和西亞等地同時期常見居室葬、天葬、火葬，流行神祇偶像崇拜、追求靈魂淨化的葬俗形成鮮明對照。

裴李崗時代形成的族葬、祖先崇拜和歷史記憶傳統，延續至新石器時代晚期，遍及大江南北，比如山東泰安的大汶口墓地，從距今 6000 多年到距今 4000 多年，延續長達 2000 年之久，始終是分區分羣，排列有序。族葬習俗和祖先崇拜傳承至夏商周三代以至於秦漢以後，就成為宗法制度、墓葬制度的源頭，成為中國歷史上宗族社會的根本。因此，祖先的譜系在文獻記載和歷史傳說中佔據核心位置。不管後來社會怎樣重組，政權如何變化，這種基於祖先崇拜的「根文化」依然長久延續。

裴李崗時代的親情人倫觀念，發展到周代前後形成「仁」「孝」觀念，以及「民本」思想。由愛自己的家人，到國人，到人類，是為大仁；由敬養父母，到傳承發展祖宗基業道統，是為大孝。周人有強烈的天命觀，武王伐紂的理由就被認為是紂王「自絕於天」，周人心中是否受天眷顧的前提，當為是否「修德」，是否得到民心或者遵從民意，所謂「民之所欲，天必從之」。

追求秩序　穩定執中

中國超大規模的農業生產，需要超長時間的定居，需要不斷調節社會內部秩序以保持穩定，逐漸形成了追求秩序、穩定執中的文化基因。中國人追求穩定秩序的另一表現，就是在數千年漫長的發展歷程中，主體活動範圍一直變化不大，基本沒有大規模對外擴張的現象。「是不為

也，非不能也」。

早期中國文化是世界上最為穩定、連續性最強的文化，在新石器時代一萬多年的歷史長河中，文化脈絡連綿不斷、民族主體前後相承，從未中斷。陶器是一種簡便實用而又容易破碎的器物，中國兩萬年前就發明了世界上最早的陶器，後來則成為世界上範圍最大的陶器流行區，原因就在於早期中國的農業基礎和穩定社會生活。距今 5000 多年的早期中西文化交流，只是將羊、牛、小麥等家畜和農作物傳播到中國，並未改變早期中國以稻作和粟作農業為主體的基本產業格局，飼養的家畜也主要是依託於農業經濟的豬。距今 4000 多年歐亞草原以馬拉戰車為特徵的畜牧文化的擴張，對西亞文明、埃及文明、印度河文明等都造成了巨大衝擊，在其刺激下也在中國北方長城沿線逐漸形成一條畜牧文化帶，但這條文化帶的人羣構成、文化因素主要源於中國本土，從未因此動搖中國文化的根基。早期中國文化的穩定性、連續性特徵，一直延續到秦漢以後。

中國最早的斧、錛、鑿等石器，主要是建造房屋所用的木工工具，聚族而居是史前中國最主要的居住方式。在距今七八千年的內蒙古敖漢旗興隆窪、興隆溝和林西白音長汗等興隆窪文化遺址，有外面圍繞壕溝的村落，裏面的房子排列整齊，中央一般有大房屋。

這和同時期西亞等地比較隨意的聚落佈局有明顯不同。在距今 6000 多年的陝西西安半坡、臨潼姜寨、寶雞北首嶺等仰韶文化遺址，也都發現了環壕村落，比如姜寨環壕村落有五片房屋，每片房屋中都有大、中、小之分，大房屋可能是舉行祭祀等公共活動的場所，幾乎所有房子的門道都朝向中央廣場，周邊還有公共的製陶場所、公共墓地，看得出當時的社會向心凝聚、秩序井然。距今 5000 年左右的鞏義雙槐樹遺址，

甚至有三重大型環壕,中央為大片高等級建築區。中國目前所知最早的城址,是距今已有 6000 多年的湖南澧縣城頭山城址,距今 5000 年以後則遍見於黃河、長江流域各地,這些古城的建造,不僅是為了禦敵或者防水,還有區分內外、強調「中心」、維護社會內部秩序的功能。如數百萬平方米的良渚、陶寺、石峁古城,都是以規模宏大的「宮城」為中心,小而規整的河南淮陽平糧台城址則有中軸大道的發現。

中原地區的城址最為方正規矩,這既有平原地區地理特點的原因,也與其更加追求社會秩序有關。此外,從裴李崗文化以來,早期中國各地墓葬普遍排列整齊,在追求社會秩序方面和村落、城址的情況相通。

距今 8000 年左右興隆窪文化的房屋,基本都是中央有火塘的方形或者長方形房屋,有的火塘後面還有石雕神像,在追求建築空間規整對稱的同時,同樣存在「中心」觀念,這種觀念也貫穿整個仰韶文化、龍山文化時期。距今 5000 多年前河南靈寶西坡遺址數百平方米的宮殿式房屋,中部靠前有神聖大火塘,以四根對稱的大柱子支撐。甘肅秦安大地灣遺址最大的建築,則已初步形成前堂後室內外有別、東西兩廂左右對稱、左中右三門主次分明等中國古典宗廟宮殿式建築的基本特徵。甘肅慶陽南佐遺址的前廳後堂式宗廟宮殿建築,陝西延安蘆山峁遺址佔地一萬多平方米的宗廟宮殿建築羣(圖 6),佈局也都是中軸對稱、主次分明。夏商周時期河南偃師二里頭、偃師商城和安陽殷墟等遺址的宗廟宮殿建築,更是規整莊嚴、秩序井然,尤其陝西岐山鳳雛的「四合院」式西周宗廟建築,堪稱中國古典宗廟宮殿式建築走向成熟的標誌,也是西周統治者崇尚秩序、穩定執中的集中體現。

早期中國維持社會秩序的制度性體現,主要為具有自律屬性的「禮」,而非外力強加的「法」。「器以藏禮」,禮制的具體表現就是器用

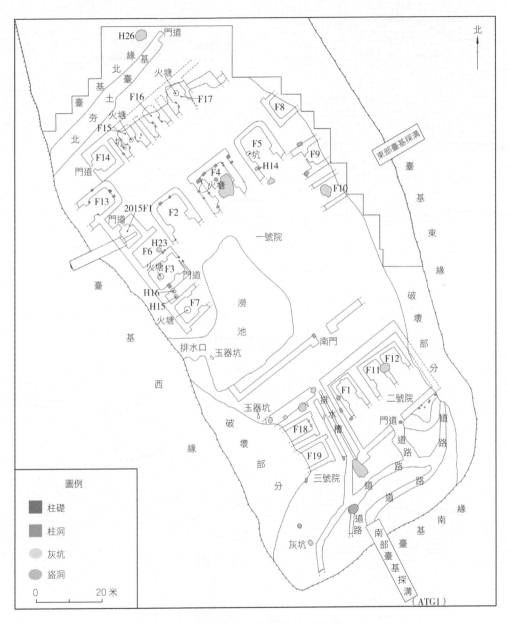

圖6 延安蘆山峁遺址宗廟宮殿建築羣平面圖

制度、宮室制度、墓葬制度等。禮制的特點是柔性自律、樸實節制和剛性規矩、等級差別的結合，是「執中」或「中庸」之道。從考古來看，距今 5000 多年的河南靈寶西坡墓地，大小墓葬等級分明，大墓規模宏大，隨葬品很少且成對出現，既體現出墓主人的不同地位，也很節制，反映當時在中原地區已經出現了墓葬制度或者禮制的萌芽。

黃河下游地區的大汶口文化、龍山文化等，大墓棺槨成套，隨葬品有一定規制，已經有了初步的棺槨制度、器用制度，至西周時期則發展為成熟的棺槨制度和用鼎制度。鼎是早期中國的第一禮器，首先出現於中原的裴李崗文化，距今 5000 多年在中東部各地已經初步形成以陶鼎為核心的禮器組合，距今 4000 年的夏代晚期在二里頭遺址出現銅鼎，在周代不同級別的貴族墓葬中，隨葬鼎、簋等禮器的數量有明確規定。

有容乃大　和諧共存

以農為本的早期中國文化崇尚秩序、與人為善、愛好和平，「為而不爭」。但早期中國地理空間廣大，自然環境複雜，有着稻作和旱作兩大農業體系，每個體系內部的文化多種多樣。要維持大範圍長時間的穩定，必須互相交融、彼此包容，因此容易形成有容乃大、和諧共存的文化基因。

距今一萬年左右的新石器時代早期，根據陶器形態等的不同，中國文化可以劃分為五大文化區，後來各文化區不斷互動交融，至距今 8000 多年的時候已經減少到四大文化區，而且這些文化區以中原地區為核心，彼此有了較多聯繫和共性，有了文化上早期中國的萌芽。

距今 6000 年前後中國大部地區交融聯繫成一個超級的文化圈，正式

形成文化上的早期中國或者「最初的中國」。這個超級文化圈裏面的諸文化各有特色，卻又具有共性、合成一體，並且以黃河中游或者中原地區為中心，就像一朵由花心和多重花瓣組成的史前中國之花，一直盛開到夏商周乃至秦漢以後。早期中國的形成和發展過程，也就是各地區人民密切交往、文化不斷交融的過程。求同存異，和而不同，和諧共存，是多支系一體化的文化中國維持秩序、穩定發展、綿長延續的祕訣之一。

早期中國各地區文化在發展過程中，隨着人口的增多和社會的複雜化，自然避免不了衝突和戰爭。新石器時代至少有三個時期有過較大規模的戰爭，表現在箭鏃、石鉞、石矛等武器的增多，城垣、甕城、馬面、壕溝等防禦設施的改進，以及亂葬坑的增多等方面。其中距今 5000 年和 4000 年前後的戰爭，都與氣候乾冷有關，當時北方地區資源銳減，災害頻繁，總體趨勢是北方人羣南下，引發戰爭連鎖反應，可結果非但沒有造成早期中國的崩潰，反而迅速強化了社會組織動員能力，刺激了中國大部地區先後進入原初文明和成熟文明社會。

尤其在距今 4000 年前後的戰爭背景下，黃河中游先後出現陶寺、石峁、二里頭等數百萬平方米的大都邑，匯集了來自四面八方不同風格的玉器、青銅器、陶器等，經整合和「中國化」之後，再次反饋影響到周邊地區。比如夏代晚期二里頭文化的玉牙璋以及爵、斝等禮器，一度北至西遼河流域，東、南到沿海，西達甘青和四川盆地。再比如歐亞草原主要用以打造兵器和工具的青銅，在夏代晚期的中原地區則被鑄造成象徵宗廟社稷和社會秩序的銅鼎，並在商周時期廣見於各個地方中心。

距今 3000 年左右長城沿線出現的以青銅兵器和工具為特徵的畜牧文化，和中原等地的農業文化形成既對立又交融的關係，進一步鍛煉着早期中國堅韌不拔的品格，早期中國得以發展和成熟。中國人深知「兵者

不祥之器也，不得已而用之」的道理，文武之道的根本，在於保衛家園、延續基業、傳承文明。

勤勞堅毅　自強不息

　　農民是世界上最勤勞堅毅的人羣，他們開墾、種植、管理田間、收割、打碾、加工糧食，飼養家畜家禽，從事家庭手工業，除了節日祭祀、婚喪嫁娶，幾乎沒有空閑的時候，一直辛苦勞作。早期中國有着世界上最大的農業區、最多的農民，形成了勤勞堅毅和自強不息的文化基因。

　　中國的水稻栽培 10000 多年前出現於長江中下游地區，距今 9000 年擴展到淮河流域和黃河下游地區，距今 6000 年已經向華南、台灣甚至更遠的地方擴散，距今 4000 多年擴展到四川盆地。中國的黍粟栽培 10000 多年前出現於華北地區，距今 8000 多年擴散到黃河中下游、西遼河流域大部地區，距今 5000 多年西進乾旱的河西走廊、西南踏上高聳的青藏高原，距今 4000 多年已經到達新疆地區。史前農業在開拓發展過程中，需要不斷適應各種不同的地理、氣候和土壤環境，需要克服無數的艱難險阻。

　　長江流域和淮河流域水源豐沛，但地勢低平，洪澇災害頻發，良渚文化、屈家嶺文化的先民在長江中下游地區大規模建城築壩，防水治水，勞動強度很大，更不用說精耕細作的稻作農業所需要的勤勞和耐心。黃土高原雖然土層深厚，但一年中大部分時間比較乾旱，降雨主要集中在夏季，而且自然災害頻繁，所以北方農民必須習慣於忍受乾旱帶來的生活艱辛，面朝黃土背朝天，抓住時機適時播種、及時收割。作為

中華文明直根系的仰韶文化，就是黃土高原的產兒，仰韶文化跨越今天的八九個省份，前後延續 2000 多年，集中體現了史前華北先民堅韌不拔、持之以恆的精神。中國農業的發展史，就是中華民族勤勞堅毅、自強不息的奮鬥史。

（作者係國家社科基金重大項目「歐亞視野下的早期中國文明化進程研究」首席專家，中國人民大學教授）

中國文化基因的層累涵濡與共時呈現

王一川

　　中國文化基因是在漫長歷史變遷過程中歷時層累涵濡而成的，對當代人而言又是在共時空間中同時呈現的，因而需要同時從這種中國史變遷的歷時層累涵濡與當下共時呈現去發掘和審視。

　　「中國之中國」開創出以中原文化為中心和不斷吸收邊緣遊牧文化特長的農耕文化為主幹的中國文化傳統基因，如同合、中和、正義、遊藝等。「亞洲之中國」在主動吸納豐富多彩的邊緣文化和外來文化影響後將其加以中國化或中原化，先後創造出「魏晉風度」「盛唐之音」「宋型文化」等古典藝術高峰，生成了包容、感興、品評等傳統基因。「世界之中國」即清中葉至今生成的中國文化基因中融合了風行於世界各國的現代性文化因素，如民主、科學、自由、革命、改革等。當前新時代已經和正在生成哪些新的傳統基因如自信或文化自信等，還需要認真關注和研究。

中國文化基因的層累涵濡與共時呈現

　　仰望星空，是人類個體自幼至長都有的一種習慣：透過綴滿天際的璀璨羣星，彷彿可以洞悉宇宙生命的奧祕。今天談論中國文化基因問

題，同仰望星空之間似乎存在某種聯繫，目的同樣是着眼於把握中國文化的過去和未來。中國文化基因，在這裏是中國文化傳統或中國文化特性等相關問題的不同說法之一，應當是指那種被公認確實屬於中華民族自身特性、特長或羣體共同記憶的東西。在着眼於中華民族文化復興目標的當前，探討中國文化基因問題有着必要性和重要性。

其必要性在於，假如不了解中國文化基因的由來及其特性，就無法找到通向中華民族文化復興的正確道路。其重要性在於，了解中國文化基因恰是增強本民族文化自信，堅定地奔向民族文化復興目標的一個新起點。由於這個問題涉及史前時代、原始時代和多民族關係等，依賴於考古學、歷史學、人類學和民族學等相關多學科知識、研究成果等的交融和介入，一時難以說清道明，而且前人和時賢也早已在這個領域有過諸多建樹，因而這裏的探討不過是一孔之見、引玉之磚而已。這裏想提出觀照中國文化基因的一條粗淺思路：中國文化基因是在漫長歷史變遷過程中歷時層累涵濡而成的，對我們當代人而言又是在共時空間中同時呈現的，從而需要同時從這種中國史變遷的歷時層累涵濡與當下共時呈現去發掘和審視。

歷時視野中的「三個中國」

之所以這樣說，首先是基於「三個中國」之現代中國史觀。習近平總書記於 2019 年 7 月 1 日《在亞洲文明對話大會開幕式上的主旨演講》指出：「今日之中國，不僅是中國之中國，而且是亞洲之中國、世界之中國。未來之中國，必將以更加開放的姿態擁抱世界、以更有活力的文明成就貢獻世界。」這個觀察體現了梁啟超《中國史敘論》中「三個中國」

之說的傳承和當代拓展。按照梁啟超的觀點，中國歷史上曾經存在過「三個中國」：史前至先秦為「中國之中國」，進入漢代後有「亞洲之中國」，清中葉後有「世界之中國」[1]。假如這一歷史觀有一定的合理性，那麼，中國文化基因曾經至少在上述「三個中國」中有所累積和漸次呈現，而在當代，正處在朝向「未來之中國」這一新目標的途中。

重要的是，上述「三個中國」並非截然斷裂或相互隔絕的「中國」，而是在發展與變遷乃至斷裂中仍舊頑強呈現自身連續性模式的中國。考古學家張光直的《考古學專題六講》認為，中國文化與西方文化屬於不同模式的文化形態：

> 一個是我所謂世界式的或非西方式的，主要的代表是中國；一個是西方式的。前者的一個重要特徵是連續性的，就是從野蠻社會到文明社會許多文化、社會成分延續下來，其中主要延續下來的內容就是人與世界的關係、人與自然的關係。而後者即西方式的是一個突破式的，就是在人與自然環境的關係上，經過技術、貿易等新因素的產生而造成一種對自然生態系統束縛的突破。[2]

與西方文化「突破」式或「破裂」式文化不同，中國文化是一種「連續」式文化。中國文化為什麼能「連續」發展？原因很多，但其中有一點是應當肯定的：史前時代至今的中國文化基因，歷經代代延傳，得以有效地保存和連續地傳承下來（而有的文化卻遭遇斷裂的命運）。確切點說，中國文化基因的特點之一在於，在連續中有突破，在突破中有多元融匯或包容，從而實現數千年連續發展。簡要地回看，歷經「三個中國」變遷而又能實現連續發展的中國文化基因，歷時留下了一些獨特品質和共同記憶。

在「中國之中國」

首先來看在「中國之中國」時段即史前至先秦時期生成的傳統基因。鑒於我們今天對漫長的史前文化了解不充分，因而很難有準確的說法。但應當看到，那時的中國文化有着不只限於黃河流域或中原地域的多點分佈和多元一體的文化源頭，今天已知的河姆渡文化、紅山文化、良渚文化和三星堆文化等黃河流域之外文化，自有其特點和特長。儘管如此，還是可以說，到先秦時代，中國逐漸形成以中原為行政中心、以農耕文化為主的行政管理格局，也即誰入主中原誰就是「中國」或「天下」。但與此同時，農耕文化與邊緣遊牧文化之間也在產生持續的相互影響，因而中原文化實際上在不斷吸納邊緣文化，而邊緣文化也同時在不斷吸納中原文化，此時的「中國」或「天下」實際上是沒有固定邊界的可以延伸的開放疆域。許倬雲的《說中國——一個不斷變化的複雜共同體》指出：「整個中國是一個『天下』，『天下』沒有邊，也沒有邊界，只有向遠處擴散而逐漸淡化的影響力。而且，這種影響力不一定是統治的權力，而是通過文化交融而構成的一個新文化，其中包含了各種地方文化。」

將各種地方文化吸納入中原文化，使『天下』的文化多元而漸變，共存而不排他。這樣一個核心，加上其放射的影響力，終於形成了後世的『中國』。於是，即使在古代各地的居民原來可能是有不同基因的族羣，經過如此佈局，實際上所謂的『中原』居民，已經是來源複雜的混合體。『中原』向四周擴散，又不斷混合，終於熔鑄為一個人數眾多的文化、經濟、政治共同體。」[3] 正是這種融合了中原文化和周圍邊緣文化的「中國」，能夠開創出一系列以中原文化為中心和不斷吸收邊緣遊牧文

化特長的農耕文化為主幹的中國文化傳統基因，如同合、中和、正義、遊藝等。遠古時農事依賴於部落羣體或家人間的協作，需要講究「同合」價值觀。進而有古典國家時代後，需要父子、夫妻、君臣等之間的「中和」。當「天下興亡，匹夫有責」之時，需要以「正義」或「正氣」去求取天下和平。真正的「君子」應當自覺地通過「遊於藝」「依仁遊藝」或「遊藝」而達到「文質彬彬」。

在「亞洲之中國」

其次，在「亞洲之中國」時段，即漢代至清初，生成了一些新的中國文化基因。隨着與周邊邊緣文化以及今中亞各國、印度和日本等國家之間文化交流的深入，中國文化在主動吸納豐富多彩的邊緣文化和外來文化影響後將其加以中國化或中原化。據王明珂的《華夏邊緣：歷史記憶與族羣認同》（增訂本）有關「華夏邊緣」族羣的研究，在漢代，「中國人」曾經面對四方異族（他們本身也在變遷中）環繞的局面：北疆的匈奴、鮮卑和烏桓等草原遊牧或森林草原遊牧人羣，東北的高句麗、濊、貊等定居於村落並以農業為主要生業的人羣，西疆的被泛稱為「羌」或「西羌」的居於高原及高山河谷的遊牧、半遊牧與混合經濟人羣，南疆與西南疆方面有被稱為「蠻」及「西南夷」的對農業、狩獵、採集各有倚重的混合經濟及以農業為主要生業的人羣，東南方的被稱作越人（粵人）的以稻作農業為主亦行漁撈、採集的定居人羣。這些身處華夏民族四周的邊緣民族，因為人類經濟生態、社會組織等的不同而一度成為「中國人」眼裏的異族意象。在探討華夏民族的族羣構成時，是必須把這些同華夏文化中心之間有着千絲萬縷的生存關聯的邊緣族羣納入一體加以

總體衡量的[4]。

　　由此中心與邊緣交融的總體眼光看，也正是在這個時段，中國通過加強自身與周圍邊緣文化和中亞各國、印度、日本等外來文化之間的交流和互動，加速了華夏文化與華夏邊緣之間的融合，不斷更新中國的文化景致，先後創造出「魏晉風度」「盛唐之音」「宋型文化」等中國古典文化藝術高峰。這時段中國文化生成的傳統基因有包容、感興、品評等。中國文化傳統之得以在歷次危機（如所謂「五胡亂華」）中仍然實現連續性發展，面向異文化而加以包容或容納，在包容中創造新的本文化，無疑正倚靠着這種包容特性。由此可見，包容正構成中國文化基因系統中最關鍵的因素之一。中國的文化藝術創造既不是像古希臘人那樣相信神祕的「靈感」或詩神憑附論，也不是如浪漫主義時期藝術家崇尚個人主觀情感、想像，而是認定「感興」，即感物而興、興而生辭，將藝術創作的動因歸結為外物在藝術家內心中觸發的興騰及其「乘興而來」或「即興」的創作行為，其結果是創造擁有「興象」的和能夠引發興味蘊藉的藝術品。這種「感興」說及其延伸的興味蘊藉美學觀實際上堅持了外物感發與主體內心響應的主客體交融的辯證立場。同時，中國還發展出以人物風範去品評藝術風格的以「人物品藻」為標誌的美學傳統。

在「世界之中國」

　　再有，在「世界之中國」時段即清中葉至今生成的中國文化基因。直到此時段「中國」仍然始終處在不斷建構和變遷的過程中。

　　按照葛劍雄《統一與分裂——中國歷史的啟示》中的研究，「公元前221年以前，中國處於分治狀態，經過了一二千年的發展，到此時建立

了以中原為中心、華夏為主幹的集權政權，但同時還存在着其他自治政權。此後有九百多年的時間，存在着一個以秦朝的疆域為基礎的中原政權，其版圖時有盈縮；其餘時間則分裂為若干個政權；但自治政權始終存在。中國真正的統一是在 1759 年實現的，持續了八十一年」[5]。特別是隨着以西方文化為主的世界各國文化間相互交流的普及和深化，中國文化更是以魯迅所謂「拿來主義」的姿態，主動而有選擇地吸納外來文化資源中的優秀成分而為我所用，助力中國現代文化的獨立自主的卓越創造。此時段生成的中國文化傳統基因中，必然融合了風行於世界各國的現代性文化因素，如民主、科學、自由、革命、改革等。民主（德先生）和科學（賽先生）藉助於五四運動而迅速傳播和延伸，成為至今深入人心的中國現代價值觀的基石。在「鴉片戰爭」以來的歷次反抗鬥爭中屢戰屢敗、屢敗屢戰的中國人民，自覺地選擇了中國革命的道路。而革命價值觀的內部也包含有改革的價值理念，也就是對革命成果進行自覺的反思和調整，以便使革命繼續走在正確軌道上。

當前新時代已經和正在生成哪些新的傳統基因，例如自信或文化自信等，還需要認真關注和研究。儘管如此，可以看到，在上述「三個中國」中歷時層累涵濡成的中國文化基因（遠遠不限於此），對於我們當代人來說，其實是共時呈現給我們並同時起作用的。正如瓦爾特·本雅明的《德國悲劇的起源》中有關星座論所指出的那樣[6]，就像夜空中綴滿天際的星座，它們彼此之間獨立自主、生成年代各異且相距遙遠，但卻可以在同一瞬間整齊地向我們釋放出似乎同樣的熠熠星光。由此看，上述歷時層累的中國文化基因，如「中國之中國」的同合、中和、正義、遊藝等，「亞洲之中國」的包容、感興、品評等，以及「世界之中國」的民主、科學、革命和改革等，至今仍舊共現於我們的現實生活中，給予

我們以不同程度的影響，從而產生其應有的作用。

通向「未來之中國」

不過，重要的是，我們不應當滿足於像仰望星空那樣地欣賞來自星光的自動照耀，而是應當根據我們正在創造當代生活和未來生活的特定需要而重新凝視星空，從星空中尋找、辨識和捕捉那些足以給我們創造新生活以寶貴啟示的星座，把它們匯聚和保存起來，再基於我們的現實需要，按照理想範式的指引，經過我們的想像力的自由組織、豐富、創造和自主取用，直到讓它們成為照亮我們新生活的新光芒。誠如阿比‧瓦爾堡（Aby Warburg）《費拉拉的斯基法諾亞宮中的意大利藝術和國際星相學》所指出的那樣，此刻應當是「古代、中世紀、現代是同一個時代」[7]。古典的活的能量經過「天才」的自覺辯證的逆轉，可以體現為一種既舊且新的價值。按照這樣的思慮，正如星空中有的格外明亮的星座未必適合我們，而有的稍嫌暗淡的星座未必就異己於我們一樣，對歷史遺存至今的中國文化基因不能一概地接收或排斥，而是應當依照今天開創新生活的需要而重新辨識、鑒別和選擇，找到其中有價值成分而加以創造性轉化和自主拓展。因此，今天探討中國文化基因的層累涵濡和共現，終究還是要為我們創造未來新生活而發現和提供新的充滿活力的本民族文化傳統資源。

（作者係國家社科基金藝術學重大招標課題「文藝發展史與文藝高峰研究」首席專家，北京師範大學教授）

注釋

（1） 梁啟超《中國史敘論》，據吳松等《飲冰室文集點校》第三集，昆明：雲南教育出版社，2001 年，第 1626-1627 頁。

（2） 張光直：《考古學專題六講》，北京：文物出版社，1986 年，第 17-18 頁。

（3） 許倬云：《說中國——一個不斷變化的複雜共同體》，桂林：廣西師範大學出版社，2015 年，第 47 頁。

（4） 王明珂：《華夏邊緣：歷史記憶與族羣認同》（增訂本），杭州：浙江人民出版社，2013 年，第 230 頁。

（5） 葛劍雄：《統一與分裂——中國歷史的啟示》，北京：商務印書館，2013 年，第 77 頁。

（6） ［德］瓦爾特·本雅明：《德國悲劇的起源》，陳永國譯，北京：文化藝術出版社，2001 年，第 7、99、121、124、192 頁。

（7） ［德］瓦爾堡：《費拉拉的斯基法諾亞宮中的意大利藝術和國際星相學》，范景中主編《美術史的形狀》第一卷，杭州：中國美術學院出版社，2003 年，第 401-438 頁。

「中」與「中和」理念的考古學闡釋

劉慶柱

在世界各古代文明國家中，何以只有中國有着「五千多年不斷裂文明」？這被認為是一個「世界之問」。其根本原因是「中」與「中和」的理念成為中華「文化基因」，五千多年來，形成國家為「中」，東西南北「四方」以「中」為核心的至高無上的「國家認同」理念。

從 20 世紀 90 年代開始，中國考古學界聚焦一些重大歷史課題，如開展「中國古代文明形成」的討論，相繼啟動「夏商周斷代工程」與「中華文明探源工程」等。在此基礎上，近年來，考古工作者進一步對「中華歷史文化基因」展開了探索與研究。

從考古發現與歷史研究來看，「中」與「中和」理念應為中華歷史文化基因的核心，本文擬對此作以考古學闡釋。

長期以來，在哲學史、思想史的研究中，對「中」「中和」的研究大多突出「和」而弱化「中」，更有甚者把「中」與「中和」解釋為「中庸」。事實上，考古發現顯示，「中」與「中和」理念有着十分久遠的歷史，其產生與「文明起源」「國家形成」「國家認同」密切相關，應屬於「政治文化」範疇。「中」「中和」的實質是「國家」的「政治認同」。「中」與

「中和」理念的形成軌跡是由「中」發展為「中和」,「中和」就是「多元」之「和」於「一體」,「一體」就是「中」,「中」是「核心」,「中」與「中和」是中華五千多年不斷裂文明中的文化基因,是國家認同的核心思想。

從「求中」建都到「宅茲中國」:「中」的萌發與延續

中國先民對「中」的信仰與追求,可以上溯至新石器時代晚期。

1987 年,河南濮陽西水坡發現了一座距今 6400 年的墓葬,墓主人左右兩側分別放置了蚌殼堆塑的「龍」與「虎」圖像,足下有一個象徵「北斗」的蚌塑三角形圖案,圖案東部與兩根東西向的人脛骨相連。有學者指出,這即古人測量「求中」方位的「槷表」或「圭表」。

20 世紀 80 年代至 21 世紀初,在山西襄汾陶寺城址(距今 4300—1900 年左右)相繼發現的兩座墓葬(M2200 與 II M22),均出土了與「測中」有關的「槷表」遺物。目前學術界一般認為,襄汾陶寺城址是一處古代都城遺址,即可能是歷史文獻記載的「堯都平陽」。因此陶寺城址發現「測中」的「槷表」等遺物,應與「求中」之「建都」密切相關。上述二墓考古發現「槷表」說明,中華文化關於「中」的理念早在夏商周三代之前已經出現。

就目前而言,有關「求中」最早的出土文獻是戰國時代的清華簡《保訓》,其中提及「五帝時代」的虞舜「求中」於「鬲茅」,在今河南濮陽與山東菏澤一帶。《保訓》又載,商湯的六世祖上甲微為夏禹「追中」(即「求中」)於「河」。「河」即「河洛」,即現在所說的「大嵩山」地區(包括現在的鄭州市、洛陽市)。

20 世紀 50 年代末以來,考古工作者在嵩山周圍發現了可能為夏代都

城的登封王城崗城址、新密新寨城址與偃師二里頭遺址。

繼夏之後，商代早期都城鄭州商城、偃師商城均分佈在「大嵩山」地區。安陽殷墟是商代中晚期都城遺址。考古發現了地處安陽殷墟北部的商代中期「洹北商城」與商代晚期的洹河南部「殷墟」。如果說商代中晚期都城從「大嵩山」地區「求中」而「回歸」於「河濟地區」，那麼周武王滅商後，新王朝的都城又從「河濟地區」返回「大嵩山」地區。1963 年，陝西寶雞發現的西周早期青銅器「何尊」銘文「宅茲中或（國）」則是「中國」於「天下之中」的物證。

自秦漢至唐宋，大一統王朝的都城基本在「大中原」的長安、洛陽與開封東西一線，繼承、發展了夏商以來的「擇中建都」原則。金朝徙都燕京，在金人看來「燕京乃天地之中」，因此當時統治者認為定都於燕京是「以應天地之中」的政治舉措，這開啟了中古時代後期元朝與明、清兩朝定都北京之先河。故金朝在燕京的都城名為「中都」，此名又為其後「大元」王朝的開啟者忽必烈所延續，至元四年（1267）他「命秉忠（劉秉忠）築中都城，始建宗廟宮室」，至元八年改國號「大元」，都城「中都」才更名為「大都」。

從擇中建宮到「一門三道」，再至「一門五道」：「中」的「擴展」「強化」與「深化」

中國古代都城考古發現、研究揭示，「中」的理念不斷「擴展」「強化」與「深化」，都城從「擇中建都」到「擇中建宮」再到「擇中建殿」，都城城門、宮城宮門從「單門道」發展到「一門三道」「一門五道」，政治性建築的「中門道」體現出「中」理念之「強化」與「深化」。

1. 從「擇中建都」到「擇中建宮」「擇中建殿」

　　在中國古代都城發展史上，「擇中建宮」是繼「擇中建都」發展起來的。夏代晚期的偃師二里頭都邑遺址位於「天地之中」的「大嵩山」地區，可謂「擇中建都」，而二里頭都邑之中心區又是其「宮城」地區，這應該是「擇中建宮」的佐證。早期偃師商城的宮城在都城南部東西居中位置。洹北商城的宮城、戰國時代的魏國都城安邑城之宮城等基本都在其都城中央，鄭韓故城西城的宮城位於西城的東西居中。東漢洛陽城、魏晉與北朝洛陽城及唐長安城之宮城一般均在都城北部東西居中之地。北宋東京城的宮城則居外郭城的中央。金中都、元大都、明清北京城的宮城一般在都城東西居中位置。宮城作為國家政治中樞，居於坐北朝南的都城東西居中位置，無疑是突出宮城的「中」之核心政治地位。這是宮城作為國家政治中樞的核心地位之體現。

　　在宮城內「擇中建殿」，實際上是「大一統中央集權國家時代」與「封邦建國時代」都城佈局的重大政治區別，這也是國家從以血緣政治與地緣政治結合的「二元政治」發展為以地緣政治為主、血緣政治為輔的多民族統一的中央集權國家「一元政治」的物證。通過「大朝正殿」於宮城居中之空間安排，體現了中央集權多民族統一國家的至高無上。考古發現的這類大朝正殿居於宮城中央或東西居中的有：漢長安城未央宮之「前殿」、北魏洛陽城宮城之「太極宮」、唐長安城宮城之太極宮與大明宮之含元殿（圖 1）、隋唐洛陽城宮城之乾元殿、北宋東京城宮城之大慶殿、元大都宮城之大明殿、明清北京城宮城的奉天殿與太和殿等。

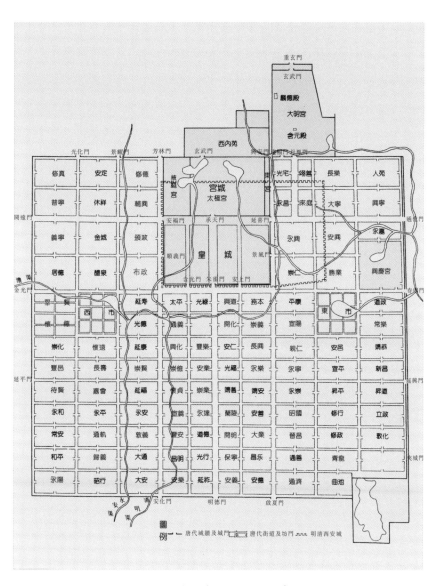

圖 1　唐長安城遺址平面示意圖

2. 都城城門、宮門從「單門道」發展為「一門三道」與「一門五道」

從目前已經發現的古代都城城門與宮城宮門遺址來看，夏商周時代的都城及其宮城城門一般為「單門道」，如偃師商城、東周秦雍城、臨淄齊故城、曲阜魯國故城、中山國靈壽城、閻良秦漢櫟陽城等，均為「單門道」。

從中國古代都城發展史來看，都城外郭城的四面城牆十二城門均為「一門三道」的「定制」（圖2），從漢長安城一直延續至明清北京城。

目前考古發現宮城正門「一門三道」最早的是北魏洛陽城宮門——「閶闔門」遺址，此規制一直延續至明清北京城故宮午門。

進入中古時期至明清北京城，部分朝代的都城與皇城、宮城之正門出現了「一門五道」的形制，如唐長安城外郭城「明德門」（圖3）、大明宮「丹鳳門」、北宋東京城皇城宣德門、金中都宮城應天門、元大都宮城崇天門、明清北京城皇城「天安門」。

關於城門「一門三道」各個門道的使用或功能，古代有的學者認為「男子由右，女子由左，車從中央」。「車從中央」之說與考古發現不一

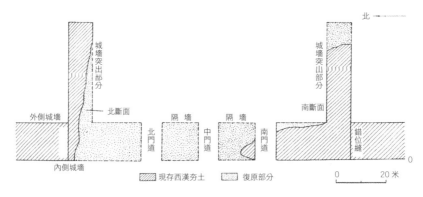

圖 2　漢長安城霸城門及其門闕遺址平面復原圖

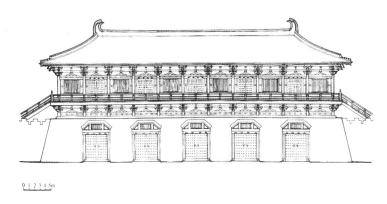

圖 3　唐長安城明德門復原示意圖

致。漢長安城直城門遺址考古發現，城門兩邊的門道保存有清晰的車轍遺跡，是行人通行的門道，但是中門道則為「草泥」地面，沒有發現車轍遺跡。因為「中道」實際上是國家最高統治者象徵性使用的「馳道」「御道」。都城與宮城城門、宮門的「一門三道」與「一門五道」的「中門道」，是至高無上地位的「國家」象徵符號。

都城城門、宮門由「一門三道」發展為「一門五道」，不只是門道數量多少的問題，而是通過「奇數」的由少到多，「奇數」的「中位」更為「突出」，而「中」則更為突顯。這猶如上古時代禮制之從三、五、七、九之不同等級的「用鼎制度」。

「左祖右社」與都城「中軸線」的形成

《周禮・考工記》載，「匠人營國，方九里，旁三門，國中九經九緯，經塗九軌；左祖右社，面朝後市」。這被認為是自周代開始中國古代都城

主體佈局的「金科玉律」。然而考古發現，按照「左祖右社」規制營建的
都城，以西漢晚期的漢長安城（遺址）為最早，目前尚無中國古代都城
「左祖右社」始於周代的確切證據。先秦時期，都城宮城之內「右宮左廟」
並列，如二里頭宮城遺址、偃師商城的宮城遺址、東周時期的秦雍城遺
址等均屬此類情況。進入大一統中央集權王朝時代以後，「宮廟」佈局發
生了重大變化，出現了只有宮殿（大朝正殿）在宮城之中，而「宗廟」
則安排在宮城甚或都城之外的情況。如文獻記載的秦咸陽城，其「宮廟」
安排在城外的「渭南」或故都「雍城」；考古發現，西漢大朝正殿——
「前殿」在未央宮中央，宗廟則不在未央宮，文獻記載西漢早期的漢高祖
高廟、漢惠帝廟均在未央宮之外，而漢文帝的顧成廟則被安置在都城之
外。西漢晚期宗廟與「社稷」遺址，在漢長安城之南，北對未央宮前殿，
形成目前所見最早的都城「左祖右社」規制。這一規制為漢魏洛陽城、
唐長安城、宋開封城（東京城）、金中都、元大都、明清北京城等古代
都城所繼承。上述諸都城的大朝正殿均在宮城中央，宗廟與社稷均安排
在宮城之外，形成以「大朝正殿」為中心的「左祖右社」的都城佈局，
從而進一步突出了以「大朝正殿」為代表的「中央政府」在國家的「縮
影」——都城的「中」之「政治定位」，以「中」為核心的國家「大一統」
理念，由都城佈局形制彰顯、固化並世代傳承。

都城規制的「中和」理念與國家認同

從目前考古發現資料來看，漢長安城是中國古代都城、宮城形成四
面營建城門、宮門規制的最早都城（圖4）。都城與宮城的「四門」，象
徵國家的東西南北「四方」。「四門」相對都城之內的宮城及大朝正殿的

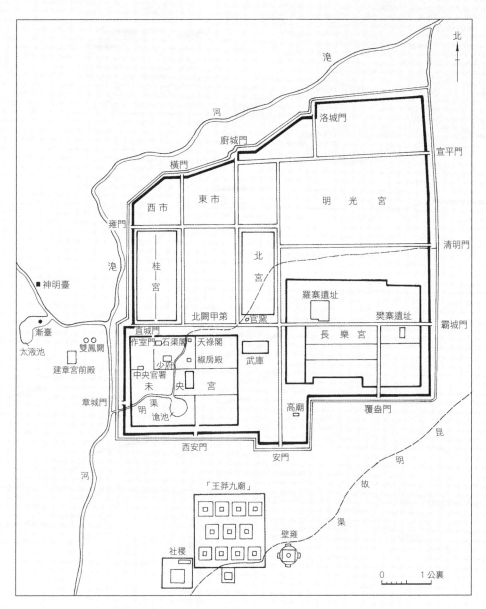

圖4　漢長安城遺址平面圖

「居中」而言，形成二者的「中和」，這種「空間」的「中和」理念，既體現了「中」對「四方」的「公允」「公正」「不偏不倚」，又強化了「四方」對「中」的「政治認同」「國家認同」。「中和」理念是以「中」為核心的「國家認同」的深化。上述都城規制 2000 多年來基本延續不變，體現了國家認同感與凝聚力，維繫了中華 5000 多年文明的綿延不絕。

如果說「四門」所代表的「四方」是「多元」，那麼都城、宮城、大朝正殿則是「一體」。它們是國家之「中」的集中體現，使「四方」的「多元」「和」於國家的「一體」，「多元」歸宿於「一體」成為中華文化基因、優秀歷史文化傳統與政治信念，構成中華 5000 年文明的核心文化。

中國古代都城考古發現與研究揭示出的「中」之理念，也見於中華歷史文化的早期文獻記載。如《荀子·大略》：「欲近四旁，莫如中央，故王者必居天下之中。」《呂氏春秋·審分覽·慎勢》：「古之王者，擇天下之中而立國。」「中」與「和」密切相關，二者並稱合用，最早出現在《禮記·中庸》：「中也者，天下之大本也。和也者，天下之達道也。致中和，天地位焉，萬物育焉。」司馬光認為，「中和者，大則天地，中則帝王，細則昆蟲草木，皆不可須臾離者也」。

在中華文明 5000 多年歷史發展中，古代都城及宮城佈局形制所蘊含的「中和」理念被中華大地的各個民族所認同。考古發現與古代文獻記載均佐證這　歷史。鮮卑民族從大興安嶺南下，經內蒙古盛樂、晉北大同（平城）建立北魏王朝，最終徙都「天地之中」洛陽，繼承漢長安城、漢魏洛陽城佈局形制，營建北魏洛陽城，使都城的「中」與「中和」理念更為深化，開創了中國古代都城的「三城制」，完善了都城「中軸線」，弘揚了先秦、漢魏都城的宮門門闕形制。考古發現的北魏洛陽城宮城正門——閶闔門遺址佈局形制對後代產生深遠影響。北方女真族、蒙

古族、滿族等民族依次建立的金朝、元朝、清朝，承襲了幾千年形成的「中」與「中和」理念，深化了國家認同理念（圖5）。

（作者係國家社科基金冷門「絕學」研究專項學術團隊項目「漢長安城未央宮出土骨簽的整理、綴合與再研究」首席專家，中國社會科學院學部委員、鄭州大學特聘教授）

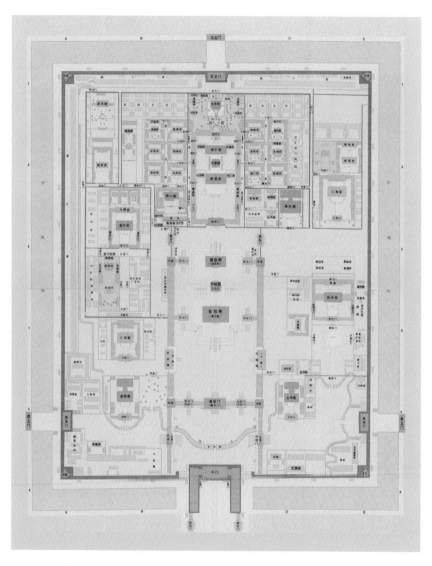

圖 5　明代中後期紫禁城圖（引自侯仁之主編《北京歷史地圖集》，北京
出版社，1988 年）

龍圖騰：
考古學視野下中華龍的起源、認同與傳承

袁廣闊

> 　　龍是中華民族的圖騰和象徵。中國人自古以來就以龍為
> 傲，認同自己是人文意義上龍的傳人。在漫長的歷史進程中，
> 龍已滲入到中華民族始祖崇拜的文化脈絡裏，貫穿於中華文明
> 發展的湯湯長河間。
>
> 　　作為神話性的動物，龍並不存在於現實生活中。那麼龍的
> 原形是什麼？經歷了哪些發展階段？下文將以我國新石器至夏
> 商時期考古發現的龍紋為基礎，簡要梳理考古學視野下中華龍
> 的起源、發展與傳承，探討龍逐漸融入中國傳統文化基因和精
> 神內核的脈絡。

地緣與風物：仰韶時代與龍文化起源

　　中華龍文化歷史悠久，在我國新石器時代的考古學文化中，距今
7000—5500 年的仰韶文化已開始出現原始的龍紋，如魚龍、蛇龍、豬
龍、鱷龍等。這些早期龍形文化遺存的產生，與自然崇拜密切相關。

　　這一階段社會生產力水平低下，原始宗教盛行，提供了「萬物有靈」

的文化土壤。一些與早期文明生活關聯緊密，或造成威懾的動植物，成為自然崇拜的對象。從已有的考古資料來看，仰韶時代存在着四個不同的文化體系：東北地區的趙寶溝—紅山文化系統，太行山—嵩山以西的仰韶文化系統，太行山—嵩山以東的後崗一期文化系統以及長江中游的大溪文化系統。不同文化系統孕育了不同的生活習慣和精神信仰，進而形成了四大自成體系的原始宗教區：東北地區祀蛇和豬，太行山以西崇魚和鳥，太行山以東敬虎和鱷魚，長江中游尊鱷魚。這些動植物在先民崇拜、敬畏的文化濾鏡下被逐漸神化，形象上更經由不斷加工、融合、創新，形成了不同區域各有特色的原始龍形象。簡言之，仰韶文化中不同地區魚龍、蛇龍、鱷龍的原形，均是現實生活中魚、蛇、鱷等自然形象神格化的產物。

1. 遼河流域的蛇龍與豬龍

遼河流域是我國玉文化最早的發源地之一。玉製的各類動物形神兼備，尤以玉豬龍最負盛名；而玉豬龍的原形，正是蛇和豬的複合體。其拱鼻與頭鬃類豬，但器身多捲曲無足，與豬迥異，而和蛇相似。這類造型融合在彩陶上體現得更為明顯。小山遺址發現一件趙寶溝文化的尊形器，腹部圖案環繞豬、蛇、鹿和鳥首。其中，豬嘴閉合，獠牙外露，眼睛微閉，頸部以下由黑白相間的蛇身纏繞而成，有學者形象地稱它為「豬首蛇身」（圖 1，（1））。拼合式的蛇形，實際上是對蛇進行神化的一種加工；而選擇用豬首來神化蛇，則源於先民對豬的偏愛和崇拜。興隆窪文化、趙寶溝文化均發現較多用豬祭祀的跡象，可作為豬龍神格化的考古學持據。這類豬、蛇拼合式圖像崇拜，在紅山文化豬首蛇身玉豬龍上達到了頂峰（圖 1，（3））。

（1）小山遺址

（2）姜寨遺址

（3）牛河梁遺址

（4）凌家灘遺址

（5）羅家柏嶺遺址

圖 1　蛇龍與豬龍

2. 關中、隴東地區的魚龍與豬龍

新石器時代中期，發源於渭河流域的仰韶文化半坡類型展現出蓬勃生命力，其後，興起於關中、河南、山西地區廟底溝文化也大放異彩，二者均孕育出大量精美而細膩的彩陶。長期以來，學界大多認為廟底溝文化彩陶的主要紋樣是鳥紋、花瓣紋。近年來，王仁湘、張鵬川等先生通過對廟底溝彩陶紋飾的系統分析，提出了「大魚紋」的文化概念：廟底溝文化廣泛流行的葉片紋、花瓣紋、菱形紋、圓盤形紋和帶點圓圈紋等，多由魚紋簡化、拆解後重組而成，構成了一個「大魚紋」象徵系統，最後完全圖案化。這類半坡、廟底溝仰韶文化中的魚紋體系又漸次融入了龍紋系統。一是魚紋中出現了一些龍的特徵，如寶雞市北首領遺址出土的水鳥啄魚紋蒜頭壺，魚形頭部作方形，豎耳，初步具備了龍首的形象；二是受到西遼河流域興隆窪—趙寶溝—紅山文化蛇（豬）龍的影響，如陝西臨潼姜寨發現的史家類型彩陶龍，形象為豬的正面，大嘴上捲，鼻作圓形，上額有多道皺紋（圖1，（2））。三是甘肅武山西坪出土的一件小口高領平底瓶的腹部繪出一個瞪目張口、形體龐大的鯢魚紋，其特徵與商代晚期青銅器虎食人卣的龍紋特徵接近，二者具有一定的傳承關係，說明鯢魚也是龍的一個來源（圖2，（1）、（2））。

3. 河南地區的鰐龍

太行山以東的考古學文化中，距今6400年前後的後崗一期文化濮陽西水坡遺址發現了三組用蚌殼堆塑的圖形，每組都有龍的形象。

西水坡 M45 是一在東、西、北三面各設一小龕的土坑墓。墓主為一壯年男性，仰身直肢，頭南足北。墓主東、西兩側，分別用蚌殼精心

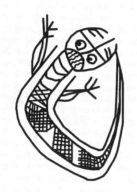

（1）小口高領平底瓶腹部紋樣 　　（2）商代虎食人卣

圖 2　鯢魚龍圖案

鋪塑一龍一虎圖案。龍頭朝北，背朝西，昂首厲目、長芯微吐、舒身捲尾、高足利爪，整體形象與鱷魚十分接近。M45 之北，復有一合體龍虎，龍虎背上還有一鹿。其南又有一蚌殼擺塑的龍形圖案，頭朝東，背騎一人。這些蚌殼擺塑的動物羣，推測為 M45 祭祀活動遺存（圖 3，（1））。西水坡 M45 遺址集中發現蚌塑鱷龍，或與這一區臨近雷龍神出沒的「雷澤」有關。《山海經・海內東經》記：「雷澤中有雷神，龍身而人頭，鼓其腹，在吳西。」《淮南子・地形訓》載：「雷澤有神，龍身人首，鼓其腹而熙。」《史記・五帝本紀・正義》引《山海經》言，「雷神」鼓其腹則「雷」。可知雷澤神作龍形，正如王充《論衡・龍虛篇》「雷龍同類」所論。上述傳說中，雷澤的雷神龍身人頭，以腹為鼓而雷聲作；再結合蚌塑鱷龍，可知文獻中的龍澤很可能就是鱷魚池。事實上，鱷魚在早期文明中已留下文化印記，文獻中夏代的豢龍氏養的就是鱷魚，而山

西陶寺遺址出土的鱷魚皮製作的鼉鼓，很可能就是傳說中雷澤神鼓腹的實證。濮陽西水坡神祕蚌塑鱷龍紋提供了中國早期文明的文化密碼，獲稱「華夏第一龍」。

仰韶文化後崗類型之後，太行山東麓的鱷魚龍繼續向西發展。河南中部仰韶文化「閻村類型」的汝州洪山廟遺址就發現了多件與之相關的彩繪甕棺，其中第 128 號甕棺上的彩繪鱷龍紋，頭作扁圓形，身為橢圓形，由四條短弧線組合而成，細尾較長，四肢曲伏於壁，四爪分開（圖 3，（2））。

4. 長江中下游地區的鱷龍

仰韶文化階段，長江中現有的考古學文化開始與中原仰韶、北方紅山文化相呼應，出現了鱷、蛇一體的龍紋。巢湖流域凌家灘文化中出土的玉龍，頭部雕出鱷魚的須、嘴、鼻眼，龍身與紅山文化玉豬龍相類，應是鱷魚與豬龍的融合（圖 1，（4））。距今約 6000 年左右的長江中游湖北黃梅焦墩大溪文化遺址也發現了河卵石擺塑的鱷龍，龍身長 4.46 米，頭西尾東，頭生一角，張口吐舌，昂首爬行（圖 3，（3）），又稱「長江流域第一龍」。

要之，仰韶文化階段不同區域的考古學文化體現出相互融合的特點。一方面，各地湧現出地緣特徵明顯的紋飾圖案，如關中仰韶時期的魚紋、鳥紋；河南中部的太陽紋、幾何紋；長江中游的水波紋、幾何紋。另一方面，正是在這一時期，以龍紋為代表，仰韶文化區體現出突出的文化認同與交互融合現象，如長江中下游凌家灘玉龍紋既與紅山文化玉豬龍頗多相類，豬、蛇、鱷魚和諧共存的特徵也可與中原地區蚌塑龍紋互文；同時姜寨豬龍與趙寶溝文化豬龍也存在內在聯繫。由是觀之，仰

韶時代龍的形象在東方和北方已形成相互交融的文化圈，或與當時巫師階層間的頻繁交流相關。在這一自然崇拜的文化動因下，龍的觀念與形象突破文化區際，形成了文化認同。

(1) 西水坡遺址

(2) 洪山廟遺址

(3) 黃梅焦墩遺址

圖 3　鰐龍

格制與權力：龍山時代與龍文化的融合

距今 5000—4000 年前的龍山時代是中華文明起源與形成的關鍵階段。這一時期，各地考古學文化爭奇鬥艷，古國、青銅、文字等文明因素不斷湧現，文明化進程大大加快，文化間的交流更加頻繁、劇烈。地緣化的魚紋、鳥紋等開始減少，南北各地自成一格的龍紋形態則開始趨同，統一表現為鱷魚與蛇紋的融合體。這一新的格制化龍紋形象，經過先民不斷匯融、取捨、創新和改造，體現出更為神靈化的特徵，更加接近神龍的形象。

1. 北方地區的龍紋

石峁遺址位於陝西省神木市高家堡鎮禿尾河與洞川溝交匯處的梁峁之上，城址呈方形，分為外城和內城；年代大約在公元前 2300—公元前 1800 年之間。城內出土大量石雕，包括人面石像、動物石雕、神人獸面像及刻畫符號等。其中皇城台大台基南護牆下層出土的 8 號石雕，長約 120 厘米，高約 15 厘米，左右用減地浮雕技法刻畫出兩個對稱的龍形紋圖案。雙龍相背，龍首向外，面部形象為倒尖額、梭形縱目、長條形鼻翼；龍身兩處曲折，從頭部先向上，至中部向下圓曲，再至尾部又向上圓曲，上飾有曲線紋，尾部豎直上翹，呈錐狀（圖 4，（3））。

2. 中原地區

晉南龍山文化龍紋遺存以陶寺遺址為代表。陶寺文化是龍山時代發展水平最高的考古學文化，創造了規模宏大的城址、高等級的墓葬及豐富的禮器，如彩繪陶器、石磬、鼉鼓等；建築了世界上最早的觀象台；

並初步掌握了銅器鍛造技術。此外，龍紋的逐步成熟化與格制化也是陶瓷文化的重要特點。陶寺遺址龍山文化墓地出土的多件彩繪陶盤上，均描繪出同一形態的龍紋：龍首形如鱷魚，頭有角狀飾物，身軀細長似蛇，有魚鱗；長嘴利齒，張嘴吐芯，身體盤曲呈環狀（圖4，（1）、（2））。陶盤彩陶龍紋的形象，綜合了鱷魚、魚、蛇等三種動物的特徵，應為仰韶時代鱷龍、魚龍、蛇龍交互融通的產物。

河南龍山文化末期，龍紋遺存以新密新寨遺址為代表。新寨遺址出土陶器蓋殘片上的龍紋，以陰線刻出龍首紋樣，面額近圓角方形，蒜頭鼻，兩組平行線將長條形鼻梁分刻為三部分，梭形縱目，彎月眉，兩腮外似有鬚（圖4，（4））。其龍首特徵與石峁一致，體現出前後繼承關係。

3. 南方地區的龍紋

龍山時期南方地區最發達的考古學文化遺存中均發現了龍紋，如長江中游的石家河文化與長江下游太湖流域的良渚文化。這些區域文化以高度發達的手工業、強大的社會整合能力及傾力的宗教活動聞名。

環太湖流域良渚文化龍形圖案玉器、玉龍首，以及浙江海鹽龍潭港龍紋寬把陶杯中，匠人們通過塑繪蛇紋與鳥紋相間纏繞的模式，創造出獨具特色的龍紋。

湖北石家河文化天門石家河羅家柏嶺遺址出土有龍形玉環。龍身軀捲曲，首尾相接，圓弧頭，吻部突出，以穿代眼，軀體上有前後對稱的小爪（圖1，（5））。

湖南澧縣孫家崗墓葬遺址出土了透雕龍形玉佩。龍體蟠曲，頭頂作高聳華麗的角狀裝飾，小圓眼，雙足蟠曲於腹下。龍形明顯可見鱷魚的嘴和鼻眼特徵，身體環形如蛇。綜上，龍山時代的龍紋已擺脫仰

（3）石峁遺址

（1）、（2）陶寺遺址

（5）二里頭遺址

（4）新寨遺址

圖 4　龍紋

韶時代單一動物形象的特徵，以蛇與鱷為主體，吸收虎、魚等種動物的特徵，成為匯集多種形象的趨同神格化形象。此外，遺存性質提供的信息展示出這一時期龍紋應是權力和王者標誌。陶寺的龍紋盤、凌家灘玉鉞、龍形玉器都出自大型王墓之中。說明「龍」在國家形成與早期文明發展確立權力與秩序的文化功能。「龍」作為王權的象徵，早在中央集權王國形成之前的方國時期已經出現，龍形象的不斷成熟與格制化，造型日趨定型、完善，因此龍的形象可視為中華文明不斷發展的縮影。

協和與融通：龍文化的統一與認同

夏商時期龍進一步成為國家形成的標誌。大約在公元前 21 世紀，盤踞於中原的夏后氏雄霸而起，開啟了全新的國家政權。夏人是一個開放、包容的族羣，在物質與精神文化上兼收並蓄，博採眾長。

在文化基因上，不僅認為龍是自己的神祖，而且認為龍與自身族羣的存亡聯繫緊密。《歸藏啟筮》云：「鯀（禹之父）死……化為黃龍。」《山海經·大荒西經》：「有人珥兩龍，乘兩龍，名曰夏后開（啟）。

開（啟）上三嬪於天。」《史記·五帝本紀》：「夏后氏德衰，諸侯畔之。天降龍二，有雌雄。孔甲不能食，未得豢龍氏。陶唐既衰，其後有劉累，學擾龍於豢龍氏，以事孔甲。孔甲賜之曰御龍氏，受豕韋之後。龍一雌死，以食夏后。夏后使求，懼而遷去。」這段話雖講的是夏室衰微與孔甲淫亂食龍有關，卻道出了夏人尊龍、養龍的傳統，並專設養龍的官職。

二里頭文化發現了大量的龍紋，可分為陶塑、雕刻、綠松石黏嵌三大類。陶塑類龍紋是以堆塑的方法在陶器外壁表現龍的半立體形象；雕刻類龍紋是在陶器表面線刻出龍的平面形象，有的一首雙身，有的二首一身；綠松石黏嵌類龍紋是用綠松石片黏嵌在漆器或銅器之上。

2002 年二里頭遺址宮殿區墓葬（編號 02VM3）遺址發現了一件用2000 餘片各種形狀的綠松石片組合而成的龍形器，由龍頭和龍身兩部分組成。龍頭為方形，臣形雙目；眼為圓餅形白玉，鼻以蒜頭形綠松石黏嵌，鼻梁和額面中脊用青、白相間的玉柱排列成縱長條形。

龍頭之外又見用綠松石片表現的捲曲弧線。龍身捲曲，呈波狀起伏，象徵鱗紋的菱形綠松石片分佈全身（圖4，（5））。就形體特徵而言，

二里頭文化的龍紋繼承了龍山及新寨文化時代以鱷和蛇為主體的餘續，其文化來源應是新寨期文化，而新寨文化龍紋又是承續陶寺文化龍紋並創新發展的產物。與龍山時代的龍紋相比，二里頭文化的龍紋更加抽象化、圖案化，且拼合了更豐富的動物特徵，如鱷魚、虎、魚等，已經是典型的成熟龍紋了。

　　繼夏代之後，商人對龍的信仰抱有更大的熱忱，鑄形以象物，在祭祀坑及墓葬中埋藏數量驚人的青銅器。匠人們夜以繼日，鏗鏘捶打着件件祭器，以滿足商人永不停息的宗教熱情。與前代相比，商代的物質與精神文明都有了長足發展。商人的宗教虔誠與文化自信推動着藝術創作在形式和內容上形成突破與創新。這一時期的龍紋在繼承蛇龍、鱷龍等原始龍紋的基礎之上，又具有了鳥、象、鹿、馬等動物的特點，形象上更為怪異神祕、絢爛瑰麗。商代龍紋是青銅器裝飾圖案中最優秀的作品之一，代表了時代鑄銅工藝的最高水平。它涵容化用「百物」特點，奠立了後世龍形象的基本特徵，體現了中華文明協和萬邦、海納百川的博大胸懷。隨着華夏民族和中國概念的確立，龍的形象更趨成熟化與格套化，最終成為中國的象徵和代表。

　　綜上，考古學視野下中華龍的起源與演變大致經歷了三個階段：仰韶時代以單一動物為原型的龍紋；龍山時代以鱷魚、蛇紋為主體兼取一兩種動物特徵的龍紋；夏商時期以鱷、蛇為主體，兼容魚、虎、鹿、鳥等多種動物特徵的龍紋。龍紋從孕育到濫觴，經過仰韶和龍山時代的發展傳承，夏商時期的協和融通，最終風馳雷動、孕育成形，奠立起後世龍的基本格制。中華龍的形象，是擷取拼合多種動物交融的神物，其形成與演變過程正是中華文明不斷發展的真實寫照：從仰韶時代以中原為主星，帶動周邊滿天星斗；到龍山時代的逐漸融合，

最終形成夏商時期多元一體的格局。經歷數千年的創造、演進、融合與涵育，龍最終昇華為中華民族的精神象徵、文化標誌、信仰載體和情感紐帶。

（作者係國家社科基金重大項目「河南焦作府城遺址考古發掘資料整理與綜合研究」首席專家，首都師範大學教授）

中華文明的宏大進程孕育多元一體、協和萬邦的文明基因

李新偉

中華文明五千年是古史傳說，還是有確鑿考古證據的事實？我們多民族統一國家的最初雛形是什麼時候出現的？

考古學自從在中國誕生之日起，就肩負重建中國古史的重任，漫漫百年，初心未改，成果豐碩。高壇貴塚、琮璜璧鉞、萬邦林立、撞擊熔合，驚世的考古發現，展示了中華文明形成的宏大進程、講述着中國特色文明基因形成的故事。

自 1921 年誕生之日起，中國考古學就肩負起重建被「古史辨」派打破的中國上古史的重任，百年來初心未改，以豐富的考古資料為中華文明 5000 多年的悠久歷史提供實證。中華文明的形成歷程在與《禹貢》九州相當的遼闊地理範圍內展開，經歷了考古學家蘇秉琦提出的「裂變、撞擊和熔合」三個階段，孕育出多元一體、協和萬邦的文明基因，為其綿延不斷、持續發展壯大奠定了深厚根基。

區域文化「裂變」催生多元傳統

萬年之前，中國先民即開啟了南稻北粟的農作物馴化進程。在距今 8500 至 7000 年之間，隨着農業經濟形態的逐步確立和發展，各地史前社會普遍發生「裂變」，基於本地自然環境和文化傳統邁出了文明化進程的第一步。

這主要表現為數萬平方米的聚落、大型房屋、精美器物、隨葬品較豐富的墓葬出現，以及原始宗教的初步發展等。以黃河流域為中心的磁山—裴李崗文化中，河北磁山遺址發現 80 個有小米遺存的儲藏坑，估計可以容納小米 5 萬公斤。河南賈湖遺址墓葬中隨葬音律精準的骨笛（圖 1）、綠松石器和有刻畫符號的龜甲等。在長江流域，浙江上山文化的橋頭遺址發現了類似八卦圖像的精緻陶器；湖南高廟文化遺址的精美白陶器有繁縟的戳印圖案，如代表天極的獠牙神獸和維護天極運轉的神鳥（圖 2），具有豐富的宇宙觀和宗教內涵，掀起史前時代第一次藝術浪潮，對整個長江流域的宗教傳統產生了深遠影響。遼河流域的內蒙古興隆窪遺址形成 3 萬多平方米的環壕聚落，內有成排的房屋百餘間，中心位置的大型房屋有人豬合葬墓，玉器成為標誌身份的飾品，顯現出重視宗教權力的社會發展趨勢。

距今 7000 至 6000 年，各地史前文化蓬勃發展。黃河中上游，仰韶文化的半坡類型出現風格鮮明的彩陶，陝西姜寨遺址有壕溝圍護，中心為廣場，五組房屋環繞分佈，表明對親族關係的重視。黃河下游的大汶口文化早期墓地表現出更明確的等級差別。長江下游的河姆渡文化發現稻田遺跡和豐厚的稻殼堆積，各類器物上的刻畫圖案同樣展現天極神獸和神鳥等元素；馬家浜文化墓葬隨葬玉器。遼河流域的趙寶溝文化尊型

器上有豬龍、飛鳥和飛鹿的精細刻畫圖像。這些各具區域性特徵的「裂變」形成不同的文化傳統，為下一階段各地區「滿天星斗」般的跨越式發展和區域間密切互動奠定了基礎。

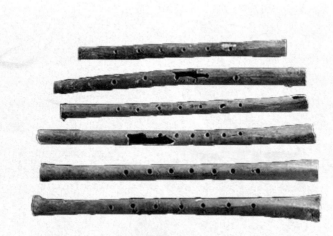

圖 1　賈湖遺址出土骨笛

圖 2　高廟文化白陶上雙翅有獠牙獸面的神鳥的戳印圖像

「撞擊」形成「多元一體」的「最初的中國」

　　「撞擊」階段始自距今約 6000 年前，中國史前時代進入轉折期，各地區社會複雜化加劇，蘇秉琦定義的「高於氏族部落的、穩定的、獨立的政治實體」——「古國」紛紛湧現；同時，區域互動「撞擊」密切，形成「社會上層遠距離交流網」。

　　在黃河下游，時值大汶口文化早期晚段，大汶口墓地 M2005 隨葬品共有 104 件。長江下游的江蘇東山村遺址發現崧澤文化迄今最高規格墓葬，其中 M91 隨葬 14 件玉器。在長江中游，湖北大溪文化晚期墓地中等級差別明顯。上述三個文化均重視財富、身份和世俗權力的宣示，缺乏宗教儀式用品。黃河中上游的仰韶文化進入廟底溝時期，其核心地帶的河南靈寶鑄鼎原遺址密集，北陽平遺址面積近 100 萬平方米。面積 40 多萬平方米的西坡遺址的中心位置為廣場，四角有大型公共建築，最大者佔地面積達 500 餘平方米。廟底溝社會同樣重視世俗威望和權力，但偏重公共設施的建設和集體禮儀活動的組織，並不以奢華墓葬表達個人身份。安徽凌家灘遺址出現祭壇和隨葬大量玉器、石器的大型墓葬，07M23 出土隨葬品 330 件，包括玉器 200 件（圖 3），有長 72 厘米、重達 88 公斤的玉豬。在遼河流域，紅山文化的發展達到頂峰，出現遼寧牛河梁遺址羣，在方圓 50 平方公里內，集中分佈着祭壇、塚墓和「女神廟」，大型墓葬隨葬玉豬龍和勾雲形器等有特殊內涵的玉器（圖 4）。在這兩個文化中，宗教權力均明顯佔有更重要的地位，紅山文化更是形成了牛河梁這樣的與世俗居住區隔絕的儀式聖地。

　　中國史前社會在上述多元發展的同時，各地社會上層為獲取遠方的珍稀物品和神聖知識以宣示自己超越本地民眾的特殊能力，努力開展遠

圖 3　凌家灘遺址墓葬 M23

圖 4　台北故宮博物院藏紅山文化鳥馱天極神獸玉器

距離交流，形成連接各主要文化區的交流網絡。交流內容包括原始宇宙觀、天文曆法、高級物品製作技術、權力表達方式、喪葬和祭祀禮儀等當時最先進的文化精粹。這樣的交流催生了一個在地域和文化上均與歷史時期中國契合的文化共同體，考古學家張光直稱之為「中國相互作用圈」和「最初的中國」。至此，中國史前時代形成了「多元一體」式文明

演進的宏大格局。

各地區「古國」是否已經對此「最初的中國」形成了某種「共識」呢？答案是肯定的。

踴躍參與區域間交流的社會上層應該採取了親身遠距離旅行的方式，這主要有兩個原因：第一，上層交流的內容包括密不示人的神祕知識，如怎樣在特定的地點觀測特殊天象，如何食用特殊藥品、配合特殊的肢體動作和意念導引進入薩滿通神狀態等，這些都需要面傳身授；第二，對於社會上層來說，跋山涉水、經歷不同自然地理和人文環境的長距離旅行是本地一般民眾難以完成的英雄壯舉，也是提高自己威望的最佳方式。相信他們在每一次遠遊後，都會以某種方式記錄見聞，勾畫最初的「山海經」和「九州圖」，展示給本地民眾。「最初的中國」的地理範圍、山川形勢和物產人文成為高級知識的重要組成部分和社會上層的必修課，代代相傳。經過長時間的積累和傳授，各地區自然會逐漸形成對彼此共同擁有的、可以相互交流、可以共享核心文化要素的「最初的中國」的共識。蘇秉琦提出的「共識的中國」已經出現，費孝通論述的「自在的」中華民族初步形成。從這個意義上說，我們的統一多民族國家的根源可以追溯到距今 5000 多年的史前時代，「中華文明五千年」絕非虛言。

良渚早期國家的「熔合」式構建

「古國」如「滿天星斗」熠熠生輝，各類型政治構想被廣泛實踐，各地區的「撞擊」不斷迸發新的火花，造就更具雄心的領導者。

距今約 5300 年時，中華文明的形成進入「熔合」階段，長江下游的

良渚文化成為「熔合」式發展的第一個典型：在更宏大的政治理想的促動下，有目的地借鑒各地區「古國」的興衰經驗和「領導策略」，首次完成了構建早期國家的政治實踐。

　　浙江良渚遺址羣為良渚政體的核心區，其中良渚古城分為三重，內城面積約 300 萬平方米，外有郭城，總面積達 800 萬平方米。內城中心為人工堆築的面積達 30 萬平方米的莫角山，上有數十處大型建築基址，為中國史前最早的宮殿區。王陵區在宮殿區西側，大型墓葬隨葬精美的玉器、石器、漆器和絲織品，以禮儀性玉鉞展示王權和軍權，以玉琮（圖 5）、璧展示宗教權力。周邊有規模龐大的水利設施，包括阻擋山洪的土築水壩和引水渠道，水利調節面積達 100 平方千米以上。整個古城系統土石方工程總量 1005 萬立方米，在當時位居世界前列。古城內倉儲區發現稻穀遺存 195 噸，附近的茅山遺址發現 5.5 萬平方米稻田，被稱作「國營」農場，反映了稻作農業的高度發展和國家對農產品的掌控。

圖 5　良渚文化玉琮

古城周圍玉器作坊的發現則表明國家控制的特殊物品手工業的發展。良渚文化分佈的環太湖地區，聚落等級清晰，以玉器為核心的宗教信仰及禮制系統具有廣泛的一致性。因此，學界普遍認為良渚文化已經形成相當於早期國家的高級政體。2019 年，良渚古城被列入世界文化遺產名錄，表明國際學界對其文明發展水平的認可。

良渚文化主體由崧澤文化發展而來，但反映宇宙觀和宗教信仰的玉器明顯源自凌家灘文化；玉器上精雕的獠牙獸面又體現出與紅山文化的密切聯繫。以宗教力量凝聚廣大區域內社會集團的實踐是紅山文化開創的，這無疑對良渚社會以宗教權力為核心的早期國家構建產生了示範作用。良渚文化取得的社會發展正是對其前的凌家灘、崧澤和紅山社會發展經驗充分「熔合」的結果。

「協和萬邦」理想的形成和初步實踐

距今 4300 年前後，良渚文化解體，如一石入水，激起千重波浪。山東、河南和江漢地區的龍山文化社會吸取良渚社會成敗的經驗教訓，在動盪中高速發展，出現大量城址，形成與古史記載契合的「萬邦林立」的政治景觀。在文獻記載的帝堯活動的核心地帶晉南地區，陶寺文化採取更廣泛的「熔合」策略，完成又一次早期國家的構建。尤為引人注意的是，考古發現顯示，陶寺的領導者很可能已經胸懷「協和萬邦」的政治理想並付諸實踐，其核心內容包括：吸收「萬邦」的優秀文明成果，「熔合」為更成熟的禮儀制度；以核心引領者的地位推動「萬邦」一體化進程；以「光被四表」式的文化懷柔為一體化的基本方略。

陶寺城址面積近 300 萬平方米，近年確認了外城內的宮城及其中的

大型夯土宮殿建築。2002 年發現的貴族墓葬面積約 20 平方米，隨葬品超過百件，有漆柄玉鉞、漆木杖、玉器等高等級物品（圖 6），並有 1 名殉人和豬 10 頭。2003 年發現天文觀測設施，並出土朱書陶文。

陶寺遺址具有從燕山北側到長江以南廣大地域的綜合體性質：其典型陶器具有山東、河南、江漢、西北和關中地區龍山時代文化因素；玉琮、玉璧和大型厨刀繼承了良渚文化的傳統；透雕獸面玉佩受到江漢地區後石家河文化的影響（圖 7）；鱷魚皮製作的「鼉鼓」來自山東龍山文化；鈴和齒輪形器等銅器則受到西北地區的影響。陶寺顯貴階層的特大型墓葬中着意展示來自不同地區的儀式用品，可見熔合四方禮儀已經成為陶寺社會上層的領導策略。這種超越良渚社會的「熔合」方略和對自己在萬邦中核心地位的彰顯，表明陶寺王者已心懷蘇秉琦所說的廣域一統的「理想的中國」的政治藍圖。《尚書·堯典》中提到的堯分命羲和、羲叔、和仲、和叔宅於四方，「曆象日月星辰，敬授民時」，也許不能僅以「傳說」視之，而是以天文之名行人文之實的促進各地區一體化進程的政治實踐；「協和萬邦」和「光被四表」也並非完全是後代的追頌，當時的天下政治態勢或為其「真實的素地」。

《禹貢》和第一王朝的建立

距今約 3800 年，與夏王朝對應的二里頭文化繼續實踐「協和萬邦」的政治理念，完成了具有劃時代意義的中國歷史上第一個王朝的構建。

在龍山時代，孕育出二里頭文化的環嵩山地區沒有可與陶寺匹敵的政體，二里頭文化大至政治理想藍圖和權力表達方式，小至宮殿建築技術和綠松石鑲嵌技法（圖 8，圖 9，圖 10），都可以在陶寺和其他龍山

圖 6　陶寺遺址大型墓葬出土龍盤

圖 7　後石家河文化獠牙神面

圖 8　二里頭文化綠松石鑲嵌銅牌

圖 9　二里頭遺址墓葬 2002VM3 綠松石龍，2000 多片綠松
石鑲嵌而成，身長約 64 厘米

圖 10　綠松石龍頭部

時代文化中找到可以借鑒的榜樣。二里頭遺址發現有來自南方的印紋硬陶、鴨形壺和海貝，來自西北地區的青銅戰斧和環首刀，來自東方的酒器，後石家河文化風格的玉器，表明二里頭王朝的形成並非「禹生於石」那樣的「斷裂」式橫空出世，而如「伯禹腹鯀」，是環嵩山地區龍山社會與各地區在風雲際會中激盪碰撞、熔合互鑒的結果。因此，高居二里頭宮殿中的王者才能形成胸懷天下的政治理想，以最強大的文化中心的地位，在一個甚至超出九州的地理範圍內施展政治、經濟和軍事手段，獲取資源、推廣禮儀。在盛產銅礦和食鹽的中條山脈及運城盆地、銅礦

資源最豐富的長江中下游地區，都發現了包含二里頭文化因素的遺址，這很可能與二里頭獲取資源的努力有關。更有資料表明，為了獲取銅和鉛，二里頭與遼西地區的夏家店下層文化也建立了密切的關係。在以各種方式獲取四方的自然和文化資源的同時，二里頭文化也表現出強大的文化擴張力和文化懷柔方略，「向四圍發射出超越自然地理單元和文化屏障的強力衝擊波」，其牙璋等禮器傳播四方。

我們今天看到的《禹貢》約成書於戰國時期，但正如王國維在《古史新證》中所言，「禹跡」和「九州」之說在商周時期已經盛行。

《禹貢》應被視為推進各地區一體化進程的極具中國政治智慧的宣傳方案：禹踏遍九州，開山導川，治平水土，「禹跡」所到之處，如文明之光普照，宜居宜耕，物產豐富，成為與蠻荒之地迥然有別的文明世界；禹的英雄功績和「三過家門而不入」、無私無我、惠民利民的高尚品德，將九州萬邦協和為一體；一體的九州由一個像禹一樣的聖王統治，四方朝服納貢也有了充分的理由。文獻中關於禹的豐富記載和考古學揭示的二里頭文化的「王朝氣象」讓我們有理由相信：二里頭的王者已經具備實施禹一樣的政治抱負的政治動機、知識儲備和運作能力，《禹貢》的最初版本可能正是他們宣揚其政治理想、輔助其政治實踐的作品。

獨特的中華文明形成道路

兩河流域、古埃及、印度河流域和中美洲地區等世界其他原生文明誕生地的形成空間均不過數十萬平方公里，唯有中華文明的形成如此氣魄恢宏，在覆蓋長江、黃河及遼河流域的面積近 300 萬平方公里的範圍內，以多元一體的形式展開。美國學者華翰維把早期國家的形成視為政

治實驗的過程，其中包括一系列建立王權的嘗試。張光直則指出中國的文明發展和國家形成是「靠政治性的措施造成的」。正因為在如此廣大的空間中經歷了各地區文化的「裂變」「撞擊」和「熔合」，中華文明才孕育出「協和萬邦」的文明基因，產生推動各地區一體化的宏大政治構想。正是在此基礎上，周人才能在距今 3000 多年前就以分封制完成了「普天之下，莫非王土」的政治抱負，將「理想的中國」落實為「現實的中國」，創建了人類文明史上第一個多民族統一的政體，此後不斷發展壯大，綿延至今。放眼世界，在疆域和理念上略可與之匹敵的古波斯帝國的形成是 600 年以後的事了，而且轉瞬即逝。

上述對中華文明形成歷程的考古探源清晰揭示，我們的文明在形成之初就孕育了獨特的以「協和萬邦」理念構建多民族統一國家的基因，解讀歷史時期中國發展、堅守道路自信的理論框架自應以此為基礎。

（作者係國家社科基金重大項目「河南靈寶西坡遺址綜合研究」首席專家．中國社會科學院考古研究所研究員）

史料傳承篇

回眸與展望：百廿年來的甲骨文考釋

齊航福

> 「一片甲骨驚天下」，甲骨文的發現是一件劃時代的大事。甲骨文內容豐富，數量眾多，而破譯難度之大，或不亞於一顆超新星的發現。
>
> 甲骨文是如何被破譯出來的？今天已經破譯了多少？還有多少難啃的「硬骨頭」等待我們？讓我們一起看看 120 年來的甲骨文考釋進展如何。

殷墟甲骨文距今已有 3000 多年的歷史，它是目前發現最早的成系統的漢語言材料。其數量眾多，大約有 16 萬片，不重複的單字字頭約有 4500 個。甲骨文的內容極其宏富，涉及戰爭、祭祀、畋獵、氣象、交通、建築、教育、貢納、生育、疾患等諸多方面，因此它是研究我國殷商時期的語言、古史，乃至思想、社會文化的第一手資料。

甲骨文的考釋，在甲骨學研究中是一項極為重要的基礎性工作，歷來深受學界重視。早在 1903 年，我國第一部甲骨文著錄書《鐵雲藏龜》問世時，作者劉鶚就已經考釋了 60 多個字，其中考釋可能正確的有 40 多個，包括 20 多個干支字和數字。但對於當時的人們來說，甲骨文依然是個謎，釋讀工作還算不上真正開始。120 多年來，經過孫詒讓、羅振玉、王國維、郭沫若、唐蘭、于省吾、李學勤、裘錫圭等一代又一代學

圖 1 《甲骨文合集》10405 反：我國最早的彩虹記錄

圖 2 《鐵雲藏龜》

者的不懈努力，已經約有 1500 個字頭被成功識別出來，殷墟甲骨文中的大多數辭例也基本得到了正確的釋讀。

筆路藍縷，開拓榛莽——「樸學大師」孫詒讓的甲骨文考釋

圖 3　孫詒讓

孫詒讓，晚清著名經學家，享有「晚清經學後殿」「樸學大師」「三百年絕等雙」之譽。深厚的經學功底，使得他後來成為一位頗有素養的古文字學家。他是最早考釋甲骨文的學者之一，著有《契文舉例》《名原》等。

1904 年，孫詒讓根據當時唯一能夠見到的甲骨文著錄書《鐵雲藏龜》中所收錄的 1058 片龜甲拓片，僅用短短兩個月的時間，就寫成了甲骨學史上首部研究專著《契文舉例》。書中考釋了 300 多字，其中已正確釋讀出「殼」「亙」「貞」「叀」「羌」「若」「易」「乘」「射」「去」「省」「禽」「周」「毋」等一些十分常見但考釋難度較大的字。1905 年，孫詒讓又著《名原》一書，總結出古文字字形比較和偏旁分析法，開創了以甲骨文考證古文字之先例。

《契文舉例》是甲骨文考釋的開山之作。以後來的眼光來看，書中有不少錯誤，所以羅振玉、王國維等學者對其評價不高，但當時所見甲骨材料非常有限，錯誤實在難免。正如陳夢家所指出的那樣，孫氏將不同時代的銘文加以偏旁分析，藉此種手段，用來追尋文字在演變發展之中的沿革大例。他對於古文字學的最大貢獻，就在於此。在甲骨文字考釋上，孫氏有開山之功，他是初步較有系統地認識甲骨文字的第一人。

圖 4　《契文舉例》

全面展開，各有側重——「甲骨四堂」的甲骨文考釋

「甲骨四堂」是指中國近現代史上四位著名的甲骨學者：羅振玉（號雪堂）、王國維（號觀堂）、郭沫若（字鼎堂）、董作賓（字彥堂）。孫詒讓之後，甲骨四堂對於甲骨文的研究全面展開，而且各有側重。唐蘭曾說，「自雪堂導夫先路，觀堂繼以考史，彥堂區其時代，鼎堂發其辭例，固已極一時之盛」，可謂至確。

「四堂」之中，雪堂導夫先路，甲骨文考釋成就尤為顯著。在流亡日本的近 9 年間，羅振玉著有《殷商貞卜文字考》《殷虛書契考釋》（初版本）等多部甲骨研究專著。《殷虛書契考釋》集中體現了其考釋甲骨文的成果，「文字」章共釋形音義全部可知者 485 字，他「由許書以溯金文，

由金文以窺書契，窮其蕃變，漸得指歸」。該書增訂本考釋 571 字，雜亂無章的卜辭始得以通讀。王國維對羅振玉的甲骨文考釋極其推崇，他曾在《最近二三十年中中國新發見之學問》中說：「審釋文字，自以羅氏為第一。」陳夢家評價說：「羅氏在《考釋》以前的諸作，就文字審釋而論，都還是不甚成熟。《考釋》的寫定，才逐漸的較為精密地審核每一個字。」王國維著《戩壽堂所藏殷虛文字考釋》《殷卜辭中所見先公先王考》《殷卜辭中所見先公先王續考》《殷虛卜辭中所見地名考》《殷禮徵文》《殷周制度論》《古史新證》等，提出了將「紙上之材料」與「地下之新材料」結合的「二重證據法」，把古文字與古史很好地結合起來。其考釋方法是「茍考之史事與制度文物，以知其時代之情狀；本之《詩》《書》，以求其文之義例；考之古音，以通其義之假借；參之彝器，以驗其文字之變化。由此而之彼，即甲以推乙，則於字之不可釋、義之不可通者，必間有獲焉」（《毛公鼎考釋》序），不僅在古史研究上開闢了新的領域，而且使得文字考釋有了更堅挺的證據。

郭沫若在歷史唯物主義指導下進行古文字研究，著有《中國古代社會研究》《甲骨文字研究》等書。他借鑒了清代樸學的考證方法，以世界文化史與中國古代社會歷史為廣闊的背景，把古文字研究和古史探討相結合，既通過對甲骨文字的考釋闡述商代社會狀況，又通過相關歷史文化背景提供文字考釋的佐證，二者的結合相得益彰。其中《釋臣宰》一文，詳細論證「臣民」與「宰」的構形本義，認為「臣民均古之奴隸，宰亦猶臣」，指出商代是奴隸社會。

董作賓著有《大龜四版考釋》這一甲骨考釋的名篇，不過其最重要的貢獻在於創立了甲骨分期理論。1933 年，他在《甲骨文斷代研究例》中創造性地提出甲骨分期的「五期」說，並列出了「十項標準」，從而鑿

開了殷商 273 年甲骨的一團混沌，把甲骨學研究推向了新高度。儘管後來經過貝塚茂樹、陳夢家、李學勤、裘錫圭、林澐、黃天樹、彭裕商、劉一曼、曹定雲、常玉芝等學者的不斷探索，分期理論得到了不少修訂與完善，但董作賓的開創之功實不可沒。近年來，越來越多的學者，如陳劍、王子楊等，已經意識到分期分類對甲骨文字考釋的重要性，或提出一種新的文字考釋方法，謂「分期分類考察法」，亦稱「類組考察法」。

圖 5　羅振玉

圖 6　王國維

圖 7　郭沫若

圖 8　董作賓

深入探索，漸成理論──「甲骨五老」的甲骨文考釋

「甲骨五老」是指「甲骨四堂」之後為甲骨學研究做出重大貢獻的五位學者：唐蘭、于省吾、商承祚、胡厚宣、陳夢家。「五老」之中，尤以唐蘭、于省吾的甲骨文考釋成績突出。

唐蘭利用自然分類法和偏旁分析法研究古文字，著有《殷虛文字記》《天壤閣甲骨文存》《甲骨文自然分類簡編》《古文字學導論》等，考釋出甲骨文字 100 多個。他強調，認清字形最為重要，而認清字形的方法，首先要知道，字形變化雖繁，但都有規律可循。在考釋實踐中，唐蘭對考釋方法加以理論化，總結出「對照法」「推勘法」「偏旁分析法」「歷史考證法」等四種方法，力圖把文字考釋建立在科學的基礎上。他正式將偏旁分析確定為考釋方法，此法確有「觸類旁通」之效，由於他識別出甲骨文中的「斤」旁，所以包括「折」「兵」「斧」「新」「斫」等在內的 20 多個從斤之字被一併釋出。此外，關於漢字構造，針對傳統的「六書」說，唐蘭創造性地提出「三書說」，即象形文字、象意文字和形聲文字。

于省吾著有《雙劍誃殷契駢枝》及《續編》《三編》《甲骨文字釋林》等，其中《釋林》是其考釋成果的總結性著作，糾正及新釋甲骨文 300 個左右，如釋「心」、釋「春」、釋「羌」、釋「羑」等。在甲骨文考釋方面，于省吾之所以能夠屢有創獲，與其能夠將前人合理的考釋方法加以繼承，並積極探索新途徑密切相關。他創造性地運用辯證法，對文字的點畫或偏旁以及它和音、義的關係作出精闢的分析。他明確指出，早期古文字中的獨體象形字的某一部分帶有聲符是形聲字的萌芽，但它與合體形聲字截然不同。「獨體形聲字」的說法實為于省吾所首倡。

圖 9　唐蘭　　　　　　　圖 10　于省吾

論證嚴密，考釋精到——裘錫圭的甲骨文考釋

　　甲骨文研究中有「南裘北李」的說法，其中「南裘」是指復旦大學裘錫圭，「北李」是指清華大學李學勤。李學勤視野開闊，以甲骨分期、利用出土古文字研究三代歷史思想文化見長。裘錫圭功力深厚，尤其擅長於甲骨、金文、簡牘、帛書文字的考釋等。

　　在甲骨文考釋方面，學者或稱裘錫圭為「高手中的高手」。1961 年，他的《甲骨文中所見的商代五刑》發表，第一篇文字考釋之作就引起學界關注。此後，裘錫圭又陸續發表一系列甲骨文考釋之作，如釋「弜」、釋「求」、釋「勿」「發」、釋「卒」、釋「祕」、釋「衍」「侃」、說「囝」、說「妸」等。這些成果已集中收錄於《古文字論集》《裘錫圭學術文集》（甲骨文卷）之中。裘錫圭精通歷史學、考古學、語言學，因此往往論證嚴密、考釋精到，解決了不少長期困擾學界的「疑難字」。

　　裘錫圭認為唐蘭批判六書說對文字學的發展起了促進作用，但其三書說卻沒有多少價值。陳夢家在《殷虛卜辭綜述》裏也曾提出過三書說，

圖 11　《甲骨文字釋林》

即象形、假借、形聲。裘錫圭指出，陳氏的三書說基本合理，只是象形應改為表意。

多維展開，攻堅克難——當代學人的使命擔當

除裘錫圭外，當代學者中還有不少甲骨文考釋佳作，如林澐釋「王」，黃錫全釋「禍」，黃德寬釋「叕」，劉釗釋「雨不正」、釋「疫」，趙平安釋「逸」、釋「鞫」，沈培釋「登」，徐寶貴釋「肩」，陳劍釋「徹」、釋「游」、釋「速」，姚萱釋「瘳」，蔣玉斌釋「列」、釋「蠢」，王子楊釋「同」、釋「阱」，周忠兵釋「焦」，單育辰釋「兔」，楊安釋「助」等。

但是，由於甲骨的殘斷、拓片的不清以及對字詞、句讀和辭例理解的不同等諸多因素，還有相當一部分字詞的考釋、辭例的解讀等在甲骨

圖 12　裘錫圭

學界仍然存在不小的分歧。而且，對於甲骨文考釋工作，無論是在社會上，還是在學術界中，均一定程度上存在視野不寬的現象。我們認為，甲骨文考釋工作任重而道遠，至少應在四個維度上同時展開。

甲骨文的今字判定。甲骨文中的某字相當於今天的某字，這是狹義上的甲骨文考釋，是針對未識字而言的。在未被考釋出的甲骨文字中，大部分是人名、地名或族氏名等專有名詞，但也有一些出現次數較多的重要字形，大都是十分難啃的「硬骨頭」。對其判定，仍是今後一段時間內甲骨文考釋的首要工作。

甲骨文的今字確釋。甲骨文中的某字究竟相當於今天的某字，長期以來學界認識並不統一，經過深入研究後確認某一種觀點可從。這是對懸而未決之字的考釋。蔣玉斌釋「蠢」、黃錫全釋「禍」屬此例。

甲骨文的今字改釋。甲骨文中的某字，前人已考釋出相當於今天的某字，但後人作出了另一種考釋，這是針對甲骨文中的已識字而言的。

王子楊釋「同」、謝明文釋「或」屬此例。

甲骨文的用法考定。不管是已識字還是未識字，均有其在甲骨文中某些用法不明的情況，確有深入考辨之必要，這是針對所有甲骨文而言的，是甲骨文考釋的應有之義。劉釗釋「雨不正」，沈培釋「登」屬此例。

「未識字」中有不少可能就是死文字。對於這些死文字，弄清楚其在甲骨材料中的具體用法也很有必要。即便是已識字，在不少辭例中的具體含義，甚至其詞性都難以確定，如「惠可用於宗父甲」（《英國》2267）中的「可」，「土方侵我田十人」（《合集》6057 反）中的「十人」，「於上甲於河」（《合集》1186）中的兩個「於」。也有不少辭例，如「高祖河」（《合集》32038），黃類卜辭中常見的「其＋牲名＋正」結構，其句讀應該如何很值得討論。

綜上，正確的釋文是通讀甲骨文的關鍵，是利用甲骨文進行深入綜合研究的基礎。學界為此做了很多工作，但尚有大量工作需要進一步精細化。甲骨文考釋有多個維度，其中「甲骨文的今字判定」仍是今後需要學界持續關注的首要工作，主要解決那些出現次數較多的重要字形。在研究視角上，不應局限於狹義的考釋，尤其是應對所有甲骨文的不明用法進行考辨，對大量甲骨疑難辭例的句讀及其語法關係進行分析。「甲骨文的用法考定」也是甲骨文考釋的應有之義，是完全有進一步強化的必要。

甲骨文的考釋，或可形象地稱之為甲骨文的破譯，其難度之大，或不亞於一顆超新星的發現。啃「硬骨頭」，需要「攻堅戰」。在社會廣泛關注，「一字千金」的承諾下，甲骨學者要繼續坐穩「冷板凳」，充分利用大數據在蒐集材料方面帶來的便利，重視甲骨分類斷代理論，以及甲

骨著錄新成果、較清晰的舊著錄書、大量綴合成果等，發揮語法分析在疑難辭例疏通方面特有的優勢，給目前運用傳統手段研究陷於窘境的甲骨文字考釋工作提供新思路，從而有助於甲骨學與殷商文化研究的深入發展。

（作者係國家社科基金冷門「絕學」和國別史等研究專項「殷墟甲骨文疑難辭例疏證」課題組負責人，鄭州大學教授）

青銅器銘文：中華私人寫作的起源

丁進

　　青銅器銘文是跨越歷史時空展現在我們面前的上古遺愛，一篇銘文就是一處寶藏，「一字千金」也不足以形容銘文的價值。這一塊塊上古歷史的「拼圖」，記錄着上古貴族的榮耀、願望和思想，開啟了中華私人寫作新的一頁。

　　青銅器銘文記載了哪些內容？是如何反映上古歷史的？在中華文化史上的地位如何？讓我們走進青銅器銘文的殿堂，一起領略它的風采。

　　中華古代史官文化發達，史官傳統悠久，傳世上古文獻大多為史官所撰寫。史官站在官方立場撰寫文獻，很少表達個人的思想感情，不能算作私人性質的著述，因而學術界普遍認為，中華真正的私人著述要到春秋戰國時期諸子百家的興起。然而商周青銅器銘文以自己精美的作品向世人展示：青銅器銘文才是中華私人寫作的源頭。

　　從原始繪畫到撰寫文章是人類文化的一次飛躍。中華古人在新石器時代就已經在彩陶上創作「狂野」的圖案，卻沒有想到在彩陶上撰寫文章。在工藝品上刻寫文章要到青銅時代的晚商時期。

　　最初的銘文只是簡單的族徽文字、器主名字和祖考廟號，起到標識

和區別用途的作用，到晚商時期開始出現成篇的記事銘文。晚商貴族邲其就撰寫了優秀的記事銘文「邲其三卣銘」，為西周人撰寫銘文提供了坺本。周人克商後迅速學會了殷人發明的這種寫作藝術。武王帳下一位名歲字利的官員撰寫了利簋銘（圖 1，圖 2），記敘自己成功預測牧野之戰結果的榮耀。同時還有一位重要的大臣天亡，此人撰寫了天亡簋銘，記敘自己在武王伐商後第十二天舉行的盛大「會同禮」儀式上協助武王祭祀文王，並在第十四天大饗禮儀式上受到賞賜的榮耀。以這兩篇傑作為開端，西周銘文作家開始了自己豐富多彩的銘文創作歷程。

圖 1　利簋

圖 2　利簋銘文

銘文作家從多個視角記錄了商周歷史

銘文創作屬於私人化寫作，一篇篇銘文就是一塊塊歷史拼圖。將各個歷史時期的銘文匯集起來就形成宏偉的歷史畫卷。銘文作家憑藉個人的銘文，不僅將自己寫進了商周歷史中，還在史官之外從另一種視角完成了歷史記敘。

二次伐商與周公東征是周初重大歷史事件，目前發現四十多位銘文作家撰寫了相關銘文。其中魯侯伯禽作禽簋銘，記敘在周公東征中討伐奄侯戰役，周公負責戰役謀劃，器主伯禽自己負責禱祝活動。剛劫卣蓋銘記敘器主剛劫跟隨周成王討伐奄侯的情況。方鼎銘記敘周公東征中討伐東夷豐伯、薄姑戰役以及得勝歸來舉行獻俘禮情況。小臣單觶銘記敘器主跟隨周成王二次伐商歸來，在成周獲得賞賜情況。沬司徒疑簋銘記載二次伐商後，周成王分封衛康叔於衛的情況。這些銘文從一個個歷史參與者視角描述周初驚心動魄的二次伐商與周公東征事件，構成一組周初歷史的宏偉畫卷。

周成王「岐陽之盟」是足以與周武王「孟津之誓」相提並論的重大政治事件。關於這次會盟，傳世文獻只有片言隻語的記載。最近在湖北隨州葉家山出土的荊子鼎銘記載了楚子與會的情況。學者們以荊子鼎銘為線索，發現在「岐陽之盟」中周成王分封了衛侯、唐侯、魯侯等「殷東國五侯」，還分封了召公奭於匽；保卣銘中的「晛六品」，即匽侯克盉銘中的「羌、馬、馭、雩、馭、微」這「殷民六族」。這樣，一批銘文串聯起來，「岐陽之盟」的輪廓清晰顯現。

周康王時期號稱「刑錯四十餘年而不用」，貴族南宮盂撰寫的小盂鼎銘顯示，周康王二十五年爆發了西周與「鬼方」的大規模戰爭。南宮盂

作為西周軍隊的統帥，一次戰役就俘虜了鬼方一萬三千人，可見戰爭規模之大。這是一次史書失載的戰役，這次戰役的重要性和漢武帝北伐匈奴相當，這一戰奠定了西周作為世界大國的地位。

昭王南征是西周歷史上的重大事件，傳世文獻大多語焉不詳，而反映這一事件的青銅器銘文卻多達數十篇。過伯簋銘反映淮河中游的渦伯也協助昭王參與南征戰役；作冊旟觥銘顯示，為牽制淮夷威脅南征，昭王還曾用土地籠絡淮北的相侯國。詨簋銘顯示，周昭王二次南征以成周為大後方，調集各種力量。昭王麾下將軍啟所作啟尊銘、啟卣蓋銘顯示，昭王首次南征採用了戰略欺騙手法，昭王偽裝成剿滅山賊，率領大軍出南山，到達戰略要地上侯，出其不意地進入漢中。昭王麾下另一位將軍南宮中更是創作了四篇相關銘文。中觶銘記載昭王任命南宮中為先行官，負責南征的交通保障、兵站建設、糧草徵集。中甗銘記載器主到南國各邦國徵集糧草、巡查交通、建設兵站取得進展而受賞賜的情況。更為有趣的是，中鼎銘有「中呼歸生鳳於王」的記載，即器主在大戰前夕受命轉交南國饋贈昭王的活「鳳凰」，從而為屈原《天問》「昭后成遊，南土爰底。厥利惟何，逢彼白雉」中的「逢彼白雉」作了最好的註解，與清人蔣驥《山帶閣注楚辭》所引《竹書紀年》「昭王末年，荊人卑詞致於王，曰願獻白雉，乃密使漢濱之人膠船以待」互相印證。

周幽王被殺後，西周還有一個短暫的攜王、平王「二王並立」時代。關於攜王的活動傳世文獻所記非常模糊。最新的研究成果顯示，著名的虢季子白盤銘作者虢季子白即擁立攜王的虢公翰。銘文記敘器主作為統帥率領西周王師打擊玁狁，取得重要戰果後歸來獻俘虜，攜王舉行飲至禮，大饗虢季子白。虢季子白麾下還有一位將軍，撰寫了一篇不娶簋銘，與本銘所寫是一場戰役的不同階段。通過這兩篇銘文我們了解到在

攜王時期，虢公翰與其麾下將軍不娶曾經大敗玁狁，立下赫赫戰功。攜王在政治鬥爭中是一個失敗者，但這兩篇銘文顯示，攜王並不是一無是處，至少在抗擊外敵入侵中有過重要貢獻。虢公翰及其部下不娶憑藉自己創作的銘文為自己在中華歷史上記下精彩的一筆。

銘文作家將自己的榮耀和思想願望傳之久遠

中華古代人才輩出，夏、商、周三代無疑也是如此。然而夏、商時期的貴族留下名字的非常少；到了西周，文化名人突然爆發，上至天子下至士人，數以千計的貴族通過青銅器銘文寫作在歷史上留下自己的名字。我們今天通過銘文還能讀出他們願望，看到他們取得的榮耀，體會他們的思想感情。

銘文作者羣體中有周天子。周厲王是西周十二王中唯一留下銘文作品的周王，他的三篇銘文都是銘文史上的傑作。傳世文獻記載周厲王名「胡」，周厲王在自作銘文中自稱「㝬」。㝬簋銘寫出了自己發揚光大祖考偉業的願望；五祀㝬鐘銘抒發了自己「柔遠能邇」的政治理想；宗周鐘銘是一篇精彩的紀功銘文，記敘了自己鎮壓南國及子叛亂的功績。同時代貴族銘文顯示，周厲王曾經成功鎮壓了南淮夷的叛亂，是一位建立過戰功的帝王。西周傳世文獻關於周厲王的記載多為「負面」書寫。周厲王以自己的銘文創作為自己樹立了一個充滿創建偉業理想的君主形象，在一定程度上「改寫了歷史」。

西周著名的政治家大多留下銘文作品。周公留下一篇周公作文王方鼎銘，不過銘文只有七字，表達功能遠不及收錄在《尚書》中的諸誥。召公奭創作了大保簋銘，這是一篇優秀的銘文作品，記載召公奭因討伐

武庚祿父叛亂有功，周成王賞賜太保榆土的榮耀。根據于省吾先生的意見，周初名作天亡簋銘的作者天亡即太公呂望。可見周初三大政治家周公、太公、召公均有銘文傳世。

西周諸侯中創作了優秀銘文作品的諸侯更多，其中燕、魯、晉首封之君都有佳作被發現。燕國首封之君匽侯克創作了匽侯克盉銘，記載周成王因召公奭的功德而封克於匽的榮耀。魯國首封之君伯禽創作了禽簋銘，記載伯禽父子在伐奄侯戰役中的功業。本世紀初在山西曲沃縣北趙晉侯墓地出土的帶銘的叔夨方鼎，就是晉國首封之君唐叔虞所作。叔夨方鼎銘記載周成王賞賜器主唐叔虞的榮耀。唐叔虞封唐之後，將鼎帶到封地，才在本世紀重見於世，讓我們見識了西周著名的唐叔親手創作的銘文。唐國後來改稱晉國，北趙晉侯墓地出土了一批歷代晉侯創作的銘文。其中晉獻侯籍在銘文中自稱「晉侯蘇」，此人撰寫了三百五十五字的晉侯蘇編鐘銘，記載自己參加周厲王指揮的諸侯聯軍攻打宿夷戰役，在戰役中建立了戰功，獲得周厲王的賞賜。晉侯蘇編鐘銘是西周最傑出的戰爭銘文之一。

西周有霸國，傳世文獻卻從未見有記載。本世紀初，山西翼城大河口霸國墓地出土了一批帶銘青銅器，其中霸伯尚盂銘、霸伯簋銘、霸伯方簋銘、霸伯盤銘都是西周銘文中的傑作，尤其是霸伯尚盂銘，完整地記載了一次王臣聘問諸侯的聘禮活動，為研究西周禮樂文明提供了翔實的第一手資料。

傳世文獻也從未記載西周還有一個宜侯國，但 20 世紀 50 年代在江蘇丹徒煙墩山出土的宜侯夨簋銘卻向世人宣示了自己的存在。根據宜侯夨簋銘，作者宜侯夨原來是虞侯，周康王將他改封到宜國。銘文詳細記載了周康王舉行的冊封儀式，以及分封給器主土地、人民、官員、住宅

的具體數量，銘文是研究西周分封制度最可靠的材料之一。

　　諸侯創作的最傑出銘文是周公之胤毛侯國國君創作的毛公鼎銘（圖 3，圖 4）。近 500 字的毛公鼎銘是目前發現的銘文中最長的一篇，是青銅器銘文的巔峰之作。器主毛公記敘了周宣王在冊命儀式上的告誡，所記類似於今天官員任職前的誡勉談話，內容的豐富性即使與《尚書·康誥》相比也不遑多讓。器主毛公以自己的銘文創作，為自己在中國文化史上獲得了不朽的地位。

　　王臣是青銅器銘文最大的作者羣。在燦若繁星的銘文作家羣中，伯克、單逨、史頌、史牆、裘衞、膳夫此、紀大、梁其等都是耀眼的明星，他們的作品是中華早期散文的典範。

　　伯克一人創作了六篇銘文。其中伯克壺銘記敘自己在伯大師手下任職時獲得伯大師賞賜的事情；克鐘銘記敘伯克受周孝王派遣，從涇水東岸一直巡查到京師，檢查各地落實周王命令的情況；師克盨銘記敘自己獲得周王冊命，主管左右虎臣的情況；大克鼎銘記敘器主克獲得大量的賞田；膳夫克盨銘記敘周王命令史官對器主克的田地和僕庸進行登記造冊，落實膳夫克的經濟待遇；小克鼎銘記載膳夫克再次受到重用，代表周王到成周整頓成周八師。「伯克六銘」顯示，從周夷王十六年到二十三年總共七年時間內，伯克從依賴伯大師的下層官員成長為炙手可熱的高級官員：主管天子宮廷膳食的膳夫官。其中大克鼎銘已經進入西周最傑出的銘文作品行列。伯克用銘文創作為自己在西周歷史上書寫了精彩的一筆。

　　裘衞是西周王官，以職官司裘之裘為氏。「裘衞六銘」在銘文史上有特殊地位，其中三年衞盉銘、五祀衞鼎銘和九年衞鼎銘都與經濟活動有關，是最早的「商品交換」活動銘文，而以九年衞鼎銘最為典型。銘文

圖3　毛公鼎銘（一）

圖 4　毛公鼎銘（二）

記敘周王舉行大礿禮，貴族矩為了置辦參加大礿禮的裝備，用一片山林與裘衛交換這些裝備。銘文詳細記載了雙方山林交接、山林四至勘定情況。裘衛用自己的創作為我們記錄了西周經濟活動三個案例，對於今天研究西周經濟史具有不可多得的價值。

單逑也是西周王官，此人留下了九篇銘文，其中逑盤銘、四十二年逑鼎銘、四十三年逑鼎銘和逑鐘銘都是西周銘文中的長篇傑作。特別是逑盤銘，將自己家族從高祖到器主自己八代與西周十二王王世一一對應起來，是一部史詩性質的作品，證實傳世文獻關於西周王世的記載準確，代表了貴族世系銘文創作的最高成就。

在銘文作家羣體中還有一批女性作者，她們是中華文學中最早的女性作家。這些貴族女性用自己的銘文創作展現了上古女性的情感和願望。在這些作品中，由姬姓國嫁到霸國的貴族女子霸姬創作的霸姬盤銘最具個性。霸姬盤銘是一篇長銘，記言技巧高超。銘文記敘霸姬與一個叫「氣」的貴族打官司的情況，氣是敗訴一方，銘文將貴族氣三次起誓甘願受罰的誓言記載下來，銘刻於青銅器上流傳子孫，一點也不給這個貴族面子，顯示了霸姬敢作敢當的「女強人」性格。

青銅器銘文創造了中華寫作的多個首次

商周處於中華寫作的開創期，青銅器銘文在寫作題材方面開創了中華寫作的多個第一次。九年乖伯簋銘記載外服諸侯眉敖朝覲周王情況，這是到目前為止中華文學中最早的一篇「國際關係」文獻。

魯叀尊銘記敘魯侯邀請器主魯叀為魯國建築宮室，將最新的建築思想帶給魯人。魯叀果然建成令魯侯歎為觀止的宮室。魯叀尊銘是中華第

一篇記敘土木工程建設的文學作品，魯更也是中華建築美學大師的第一人。

在傳世文獻中，記載分封諸侯的有收錄在《尚書》中的《康誥》。然而《康誥》記錄的只是周公在衛康叔動身往封地前的誡勉談話，至於分封的具體情況《康誥》並沒有記載。西周青銅器銘文彌補了這方面的遺憾。匽侯克盉銘是中華文學中第一篇正面記敘封建諸侯情況的銘文，這篇銘文記敘了周成王分封召公奭於燕的緣起，記載了召公奭留王朝而長子克赴封地的史實。銘文還記敘了周成王劃撥殷民六族給匽侯克以及匽侯克奔赴封地後迅速建立社稷和職官機構等細節。而周康王時期的宜侯夨簋銘更是中華文學中第一篇最詳細的改封諸侯銘文。

西周早期的師旗鼎銘記載了著名的政治家康伯髦處理軍事違紀案件情況。將軍師旗手下有一批人未能按時匯合參加討伐方雷的戰役，伯髦父開出以罰款替代流放的處罰。這篇奇文是中華軍事文學中第一篇記敘戰爭違紀處罰案件的銘文，是中華軍事法律文學的鼻祖。與此相似，曶鼎銘記敘一個盜竊糧草案件的處理情況，是今天我們能夠直接看到的中華最早的民事糾紛案例。這兩銘文屬於中華最早的「法律文學」作品。

夋作文母鼎銘感謝母親亡靈庇護器主，是一篇優秀的「祭母文」，也是中華文學中第一篇「祭母文」。縣改簋銘記載伯犀父將縣改嫁給縣伯，並將女僕禮器送給縣改作為陪嫁。縣改簋銘是中國文學中第一篇新婦「謝嫁文」，在中華女性文學中佔有一席之地。周康王時期還出現了一批與女性有關的青銅器銘文創作，這些女性多為王朝與諸侯後宮的女性管理者，庚嬴所作「庚嬴二銘」以及庚姬尊銘、頂壺銘等開創了西周女性銘文創作的歷史，反映了貴族婦女部分生活面貌，這些女性銘文撰寫者是中國文學史上第一批女性作家。

史牆盤銘是西周第一篇記敘王朝和家族世系的銘文，開創了西周世系銘文的先河，是後世《帝系》《世本》等世系類著作的鼻祖。

昭、穆之際的柞侯創作了柞伯簋銘，銘文記載器主柞伯參加周王籍田禮之後由周王發起的一場看誰跑得快的賭局，結果器主柞伯贏得比賽。這是中華文學中第一篇「遊戲文學」作品。

救簋蓋銘記敘器主被周王任命為「五邑守堰」之事。堰，圍土為堤防，是一種水利設施；守堰即守衛河堰之官。「五邑守堰」職官相當於宗周地區的水利官。同樣，吳虎鼎銘記敘器主吳虎受周王冊命「司九陂」。陂即聚水池塘，猶如今天的水庫。以上兩銘為世界最早的水利官員的「委任狀」，也是人類最早的水利官員撰寫的文章，它們是中華文學中最早的「水利文學」。楚簋銘記載器主被周王任命為主管方京「內師舟」職務，「師舟」之官管理軍隊的船隻，這是中國最早的「水軍」軍官的任命記載了。

周懿王時期的匡尊銘記敘周懿王在射盧作象舞，器主匡演奏了著名的《象樂》二首。演奏效果非常好，周懿王大加讚賞。這篇銘文是中國歷史上最早的描繪音樂演奏的原始文本，也是中華最早的音樂家創作的文學作品。

散氏盤銘記載散、矢兩國如何確定封界、如何立約、如何保存契約等事情，是世界最早的勘定兩國邊界的原始文獻。銘文寫作技巧高超，是西周青銅器銘文中里程碑式的作品。

鄂侯馭方鼎銘的作者是鄂侯馭方。周厲王發動過兩次南征，其中第二次南征就是鄂侯馭方的叛亂引起。在周厲王首次南征勝利之後，鄂侯馭方竟然為周厲王舉辦大饗禮，可見鄂侯馭方是一個沉得住氣的大陰謀家，他的納饗根本上就不是向厲王表示臣服和敬意，他的目的就是借納饗麻痺周厲王，刺探厲王君臣動向，是利用「周禮」進行的一次有效的

情報工作。他創作這篇銘文也是戰略欺騙的組成部分，因而鄂侯御方鼎銘是我國最早的一篇「陰謀文學」。

兮甲盤銘由周宣王時期著名的政治家尹吉父創作。銘文的核心意思是禁止南淮夷私下商品交易，凡是商業貿易活動必須到周人指定的市場，這是防止偷稅漏稅、稅收流失。兮甲盤銘包含我國最早的稅收佈告，恐怕也是世界上最早的市場規範佈告。而「裘衛四銘」成功刻畫了一個注重財富的貴族商人形象，這是中國文學中最早的商人形象。以上這些銘文是中華最早的「經濟文學」作品。

此外，周成王時期的何尊銘（圖 5）記載周武王伐商表達過要在中原建造都城的「宅茲中國」願望，這是中華文獻中首次使用「中國」一詞。

圖 5　何尊

而西周青銅器銘文記載了眾多的職官任命的冊命之令，這些冊命銘文無疑都開創了相應職官活動書寫的歷史。青銅器銘文簡約、典雅的文風無疑是中華文學中此路文風的濫觴。

　　商周青銅器銘文是當時人寫當時事，是寶貴的真跡，不僅具有文學價值，還同時具有歷史價值和文物價值，是歷史饋贈給後人珍貴的文化遺產。自從有了青銅器銘文，私人寫作成為一種文化時尚，成為當時貴族生產文化產品的重要形式。青銅器銘文開啟了中華私人寫作的源頭。

（作者係國家社科基金項目「西周銘文史」負責人，湖南大學教授）

「巴蜀符號」研究的文化自信與理論自覺

胡易容

　　近百年前，四川盆地及周邊地區發現了一種不為人知的神祕符號，它們被李學勤等學者認定為「甲骨文之外唯一可確認的先秦文字」，這一發現幾乎顛覆兩千年來「古蜀無文字」的論斷，並成為「巴蜀文化」一詞的來源。然而，這種神祕的符號迄今尚未被充分解讀。

　　「巴蜀符號」是如何被發現的？為何如此難以破譯？將來的研究有哪些新的可能？其研究又將在理論上具有怎樣的重大意義？一切謎團正在展開。

「巴蜀符號」引出的重大文化命題

　　陳寅恪曾在《陳垣敦煌劫餘錄序》提出，「一時代之學術，必有其新材料與新問題」。20 世紀初正是中國考古學材料與問題並進而承前啟後的重要階段。這一時期不僅誕生了一批綱領性的研究成果，還陸續發現了許多意義重大的新研究材料。其中，包括成都及周邊地區陸續發掘出的一批與眾不同的青銅器。這批器物不僅形制上極具巴蜀特色，更引人注目的是器物上印刻的一系列不為人知的特殊符號。這些符號表現出較

為一致的外形和一定的組合規則，但又不同於一般青銅器紋飾，更不屬
於任何一種已知文字。

　　王國維未能一睹這些符號固然是一種遺憾，但探究這些神祕圖符的
使命落在王國維的最後一位弟子衛聚賢身上，也可算以賡續學脈的方式
部分地彌補了這種遺憾。衛聚賢是中國現代考古學奠基人之一，他最早
注意到一批據稱出土於成都白馬寺的青銅器上的特殊圖符並展開蒐集。
1941、1942 年衛聚賢兩次在《說文月刊》發表文章對蒐集到的 48 種巴蜀
紋飾、符號進行了考據，指出這些符號是用於表達特定意義而非裝飾，
並明確提出此類符號應為一種「巴蜀文字」。以衛氏的研究為起點，學界
開始關注到四川、重慶及周邊地區出土青銅器物上的此類圖符，稱之為
「巴蜀圖語」或「巴蜀符號」。

圖 1　最早的「巴蜀圖符」研究及彙編材料：《說文月刊・巴蜀文化專號》

「巴蜀符號」的發現和研究的展開在多個方面改變、衝擊甚至顛覆了此前學界的定論。首先，「巴蜀符號」的發現衝擊了自西漢揚雄以來幾成定論的「古蜀無文字」之說。衞聚賢的「巴蜀文字」說激起了古蜀文字討論的新高潮。李學勤亦多次撰文討論「巴蜀符號」，並指出，「巴蜀符號」可確定是中國先秦的文字，也是除甲骨文外唯一學界公認的先秦中國文字符號系統。其次，「巴蜀符號」的文字性不僅打破古蜀「不曉文字」的論斷，更成為學界重估古蜀文明進而再認識「中華民族共同體」的重要契機。文字是文化與文明的重要標誌，衞聚賢正是在「巴蜀文字」的文章中首次提出了「巴蜀文化」概念。

　　基於對古巴蜀的考古發現，古史辨派大家顧頡剛亦幾乎在同一時期提出春秋之前巴蜀文化獨立發展說，開創中華文明多元起源研究先河。

　　可以說，這些在西南一隅偶然發現的刻畫符號，揭開了重新認識華夏文明的序幕，其研究拓展了中華多民族文化融合發展的理論進路，是中華文字符號譜系和中華文化譜系研究不可或缺的重要組成部分。

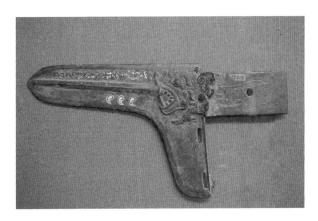

圖 2　「巴蜀符號」青銅戈

「巴蜀符號」研究的「柳暗」與「花明」

　　自衛聚賢以降，「巴蜀符號」研究已歷經 80 餘年。其間李學勤、童恩正、段渝等一批學者都對「巴蜀符號」的性質及符號個體的意涵進行了不少討論。但是，推進「巴蜀符號」研究的新材料與新問題仍面臨不少困難：一方面，由於「巴蜀符號」出土材料較少，且這種獨特的符號系統並未被後世繼承和使用，缺少完整的符號發展線索；另一方面，在傳統唯材料論主導的思路下，新問題意識和新方法不足，致使「巴蜀符號」研究一度沒落沉寂。

　　「巴蜀符號」的研究素材很長時間處於分散狀態，雖然自 20 世紀 50 年代開始的考古浪潮在巴蜀地區發現大量有價值的信息，然而這些內容甚少以「巴蜀符號」為線索得到整理。很長一段時間內，研究者所使用材料或自行收集自各年代、地域出土報告，或只能從相關研究成果中借用。所謂相關研究，即與古巴蜀文化相關的學術著作，它們或多或少涉及「巴蜀符號」相關材料，但基本未將其視為研究核心，甚至並未將其與一般紋飾相區分。20 世紀 80 年代出版的《巴蜀銅器紋飾圖案》《巴蜀兵器及其紋飾符號》，較為集中地初步整理出 180 個紋飾符號；1991 年羅開玉發表《晚期巴蜀文化墓葬初步研究》，首次嘗試整理了部分「巴蜀符號」並進行了分期；1998 年高文、尚成剛出版《巴蜀銅印》，整理了巴蜀印章並附有較高質量圖片和拓片。另外，還有《中國青銅器》《凝固在青銅器上的精靈——巴蜀與西南地區青銅器上的人物動物圖案》等文物圖錄，零散記錄了與「巴蜀符號」相關的資料……這些材料雖然成為後續研究者重要參考文獻，但它們大多重器物而輕符號，對符號的記錄質量亦參差不齊。早期文獻中的符號形象往往由研究者手繪，形態呈現

受記錄者影響較大；而照片等形式的記錄也受器物鏽蝕等因素影響，並不能完整清晰地反映符號形象。這導致研究者對同一器物、同一符號的把握往往會出現不小分歧。材料的散亂，使得「巴蜀符號」眾多研究成果之間缺乏對話基礎，研究者多以單篇論文討論個別符號或器物，系統研究極少。

從讀解方法和問題意識來看，對「巴蜀符號」的現有討論絕大部分集中在出現次數較多且高像似性的少數符號，如「🐛」、「🐚」、「🐅」等；然而，學界對這些看似有理據的符號的解釋也始終難以達成共識。這些符號究竟「像」什麼？研究者們各有看法。例如，符號🐚就有「帝星杜宇說」「花蒂說」「海螺說」「女陰說」「箭鏃說」等多種解釋。不同的解釋往往由其使用的材料偏向所導致，研究者之解釋大多樸素地從像似性中「望文生義」，彼此間難以對話。在唯材料論的研究思路和基礎材料雜亂的情況下，研究者難以窺見符號印刻情況的全貌，更缺乏對「巴蜀符號」具有理論高度的總體把握。

由於上述種種原因，加上鄧少琴、王家祐等老一輩學者的故去，「巴蜀符號」研究一度少人問津甚至停滯，成了名副其實的「冷門絕學」。然而，「巴蜀符號」的重大價值和文化魅力始終都吸引着一批甘坐冷板凳的學者。正是他們的堅守令「巴蜀符號」的研究得以延續。近年來，隨着國家對傳統文化研究的重視，「巴蜀符號」研究出現了一定程度的復興。如管維良 2010 年出版的《巴蜀符號》對「巴蜀符號」進行了較為深入的系統討論，尤其注重學理闡釋；2019 年嚴志斌、洪梅所編《巴蜀符號集成》首次以「巴蜀符號」器物為線索，整理並以相對較高質量的圖片展示了 1000 餘個承載「巴蜀符號」的器物，在前人的基礎上辨析總結出 272 個符號並進行了描繪和初步分類，是一部系統性的高質量集成彙編材

料，為學術探討提供了紮實的基礎。幾乎同一時間，2018 年底胡易容領銜的國家社科基金冷門「絕學」專項課題「巴蜀符號譜系整理分析與數字人文傳播研究」立項啟動。課題組以跨學科團隊為背景，整合包括符號學、傳播學、計算機、認知神經科學在內的多學科團隊，運用與此前不同的研究策略，為「巴蜀符號」研究注入了新的活力。

跨學科融合與創新探索：讓古老神祕的巴蜀「活起來」

回顧 20 世紀 40 代發軔以來的「巴蜀符號」研究，主要集中於傳統考古學領域。新的學科及跨學科團隊在多個方面展現出全新的特質。

在方法論上，以「符號學」為基本方法突破既有研究框架的局限，嘗試了從「田野考古」到「符號考古」的整合創新。長期以來，「巴蜀符號」的研究集中於以考據為核心的考古學視野下，「巴蜀符號」解讀空間始終受制於材料。李學勤、管維良、嚴志斌等學者都曾嘗試對「巴蜀符號」進行進一步分類，以細化和推進此領域研究；然而無論是依據「符號形式」還是「像似性」進行的劃分，都無法還原古人對符號使用的原始情景，本質上都是站在現代文化立場上的一種猜測。在現代符號學視域下，「巴蜀符號」像似與否以及像似程度問題被納入符號語用框架下重新審視。這一新的路徑亦與當代考古學發展動向相契合。當前世界考古研究有從「田野考古」到「符號認知考古」的趨勢。當考古研究將目光轉向文物的意義維度，從某種角度來說，標誌着一門考古符號學的興起。這種新興的理論進路不僅重視出土物本身，還重視符號譜系和隱含意義的多學科探討。推進「巴蜀符號」研究，是考古符號學研究的一次重要嘗試。

在研究工具和手段方面，課題組啟動了數字化與智能化和認知神經科學的綜合交叉研究，引入全新的數字化和認知神經科學作為輔助佐證手段。課題組在現有資料基礎上搭建起「巴蜀符號」網絡數據庫，建成首部「巴蜀符號數字雲詞典」，開啟了「巴蜀符號」研究的數字化、智能化的新進程。「巴蜀符號數字雲詞典」所搭建的多媒介超文本網絡框架，可以將符號及其文物載體的多維度信息相互關聯，並且能以任意標籤進行數據搜索和整合，比如以「出土地」「器物年代」「符號文本組合」等線索即時檢索並生成符號材料整理結果。

1. 此符號外形類似猛獸，獸口大張，頭部上方刻畫有獸耳，四足有利爪伸出，後部有一條長且上捲的尾巴。

2. 此符號勾畫了動物的外形，內部更有紋飾填充：在其頸部、腿與身體相連處及尾部往往都刻畫有條狀或捲雲狀線條。

3. 部分個例會在口部伸出一條長且捲曲的「舌」。

圖 3　項目組對器物圖片進行符號的勾描加工

數字技術的引入不僅有利於整合海量材料，也打開了對符號文物多樣化把握的可能性。例如通過矢量化勾畫的方式部分還原了符號輪廓，在一定程度上彌補了器物鏽蝕難以辨認等情形對研究造成的困擾。

符號認知科學同樣對「巴蜀符號」研究有重要價值。從前「巴蜀符號」的討論多依賴於研究者的個人經驗，主觀性較大；而在腦電等認知實驗的輔助下，研究者可以從大腦反應、激活腦區差異等實證角度探討巴蜀文字的性質和表意機制，並能將「巴蜀符號」與人類史上多種早期文字進行比較和對話。

在研究路徑方面，通過文明內和文明間的符號譜系整理及比較研究開拓新的視野。除了對研究素材整合效率的提高，數字技術更可以在此基礎上輔助我們完成不同文字系統間的比較研究。從符號發生學角度，研究者可以在計算機的輔助下多維度考察「巴蜀符號」的特徵與線索：一方面，是在中華先秦古文字發源的符號系統內部進行考察。如與甲骨文符號系統、納西等象形文字系統進行比對，以把握中華文明「圖符」

圖 4　項目組使用腦電設備進行文字認知實驗

圖 5 「巴蜀符號」與部分形似甲骨文

文字的總體譜系脈絡。另一方面，研究者也可以將「巴蜀符號」與其他文明的早期圖文符號進行比對，通過跨文明符號比較範式考察不同古文字符號像似理據，以更好地把握「巴蜀符號」的形制特徵。

　　傳統考古學是一門面向「過去」的學科，新的研究在尊重歷史的基礎上同時注重面向當下和未來，嘗試通過創意傳播激活「巴蜀符號」的當下文化價值，讓古老神祕的「巴蜀符號」重新「活起來」。客觀地看，「巴蜀符號」早已失去了被使用的原初環境，也就失去了符號語境。但這並不意味着它們就失去了傳播價值。它們可融入今天的文化生活，甚至成為地域文化、城市的品牌形象標記和代言者。諸如，金沙遺址出土的「太陽神鳥」已經成為成都的城市品牌標誌符號和中國文化遺產的標誌符號，這是傳統文化符號在當下被重新激活並被賦予新意涵的典範例證。重新激活這些符號的重要方式之一，就是激活其與當下社會文化的關聯。「巴蜀符號」的現代表意活力，在於這種文字的存在本身就表徵着其作為中華文明重要組成部分的獨特性和歷史積澱。由此，對「巴蜀符號」的創新傳承與傳播，既是對當代巴蜀文化圈的建設過程，更是在連接巴蜀的歷史與當下。

展望：從文化對象到理論體系構建

如上所述，現代計算機技術的應用為「巴蜀符號」研究提供了強有力的支持。在計算機的輔助下難以從傳統文本中挖掘出的研究線索可能浮現出來——多邏輯進路的數據框架不僅為從前的研究做出了全面的總結，亦擴展了此後研究的想像空間。尤其重要的是基礎理論與哲學社會科學話語體系的建構方面，運用一般符號學方法來研究「巴蜀符號」，是值得期待的全新探索。

眾所周知，以中國漢字為代表的表意文字符號，在西方語音中心

圖 6　項目組組織的「巴蜀符號與中國符號學理論體系」
學術研討活動部分海報

傳統中一直受到偏見甚至污名化對待。黑格爾認為，拼音文字自在自為地更符合理智的要求，而象形文字語言只有對中國那樣「精神文化處於停滯狀態的民族」才是適合的。現代符號學的開創者之一索緒爾，則直接將他的語言符號學研究範圍界定為「以希臘字母為原始型的表音體系」。

這些偏見，植根於西方語音中心傳統，且在理論邏輯上秉持一種「線性符號達爾文主義」。西方文化理論曾經深刻影響了近代知識分子對我國文化發展方向的判斷，甚至具體到文字形制的理念。從蔡元培、魯迅到吳玉章，20 世紀中國知識分子就曾試圖將漢字拉丁化，以促進國家現代化發展。當然，今日漢語言文字的現狀業已表明，通過消除符號差異以擁抱全球化，並非必然選項。在學理和歷史維度上，線性的「符號達爾文主義」都忽視了一個基本事實，即符號形式的發生賴以存在的整體文化生態。東西方文化處於不同演化系統中，其在符號形式上的區別並非是線性發展邏輯下「先進」與「落後」的關係，而是源自各自的文化生態演化邏輯的不同路徑。對於中國學界來說，語音中心的邏輯並未完全成為過去式，從理論根源上和符號對象上反思符號達爾文主義還有待深入展開。學界在對西學借鑒時需要更加審慎地考慮其理論適用性。

中國符號學要形成自己的話語體系，不僅要破，更要立。無論是被視為第一套人類經驗符號化表述的「周易」，還是與古希臘斯多葛學派幾乎同時探討名稱與意義的中國「名學」，都未在今天符號學基本模式中佔據一席之地，而中華文字符號，更是在符號學體系中被邊緣化了。中國學者不能僅僅停留在討論皮爾斯還是索緒爾的理論體系孰優孰劣的層面，而必須從具有中國符號對象和中華符號思維的獨有智慧等方面探索

「中國符號學」的路徑與可能。「巴蜀符號」作為一種「圖語性」符號，在中華文字符號譜系脈絡中具有不可或缺的重要位置，其研究的深入展開不僅是某種符號的「釋義」問題，更是關涉在文明互鑒的全球視野下推進文化自信與理論自覺的必由之路。

（作者係國家社科基金冷門「絕學」專項研究「巴蜀符號譜系分析與數字人文傳播研究」首席專家，四川大學教授；四川大學博士研究生，課題組成員楊登翔，對本文亦有貢獻）

清華簡：開啟古史研究新境界

杜　勇

　　清華簡的橫空出世，猶如一支火炬，照亮了黑暗的歷史長廊，把人們對古史的認知帶入了新的境界。前所未見的古書，真偽莫辨的經籍，晦而不彰的史跡，都能在清華簡研究中找到尋幽覽勝的路徑。

　　作為 2000 多年前戰國時代的遺物，清華簡帶着地下的泥土走入今日的學術殿堂。它到底有何特殊的文獻價值？又揭示了中國古代文明多少奧祕？給人哪些重要啟迪？帷幕已然輕啟，讓我們來一睹芳容。

　　自 2008 年以來，清華大學入藏的一批戰國竹簡被陸續整理出版，已發行十一輯。與過去發現的戰國竹簡相比，其顯著特點是多為經史類文獻。其中有的篇章至今還保留在《尚書》《逸周書》中，有的散佚兩千年後橫空出世，有的長期蟄居地下而不為人知。清華簡涉及中國傳統文化的核心內容，為中國古代文明探索提供了不可多得的出土文獻資料，開啟了古史研究的新境界。

去偽存真　考而後信

孟子曾說：「盡信書，則不如無書。」告誡人們對傳世文獻要善於鑒別真偽，不可盲從。《漢書‧藝文志》所提到的《文子》《伊尹說》《力牧》《風后》等書，班固即以「依託」言之。這種託名古人立說的風氣，在戰國秦漢時期頗為盛行，其後仍有所見。最有名的是東晉梅賾獻於朝廷的偽《古文尚書》，在唐代還被作為官方認可的經學讀本，堂而皇之流傳千年。歷經宋元明清學者的不懈努力，才得以揭穿其中晚書二十五篇作為偽書的真面目。

一段時間以來，有的論者從地下出土的簡帛佚籍得到啟示，於是援此例彼，大膽為梅本古文《尚書》翻案，主張當作可信的史料來使用。所作相關研究，論證疏闊，卻不惜臧否前賢，一時相沿成風。直至清華簡中發現與梅本相異的真古文《尚書》，局面始得改觀。

清華簡《尹誥》《說命》（圖 1，圖 2）即是戰國時期流傳於世的古文《尚書》，與梅本全然不同。《尹誥》又稱《咸有一德》，它本是《尚書》中的一篇，秦火之後一度失傳，西漢中期重出孔壁，為逸《書》十六篇之一，至西晉永嘉之亂再度散佚。從《書序》《殷本紀》所列《咸有一德》次第看，本篇為伊尹誥湯之文，與清華簡《尹誥》的內容若合符契，構成二者同為一篇文獻的一重證據，說明今傳孔傳本《尚書》以《咸有一德》為伊尹誥太甲之書必為偽作。而清華簡《說命》即先秦文獻多次引用過的古本《說命》，與今本《說命》從形式到內容都存在着本質差異。從該篇名為《說命》看，主要內容應該是記錄商王武丁對傅說的命辭。「命」作為《尚書》的一種體例，以記載王者冊命、訓誡和賞賜大臣的講話為主，簡言之就是王命。《說命》既以「命」稱，自應把武丁命辭放在

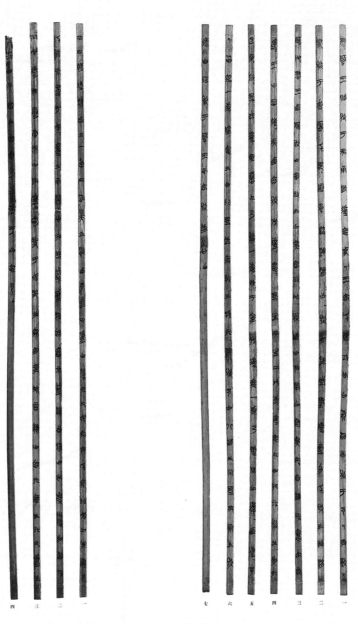

圖1　清華簡《尹誥》篇正面圖版　　圖2　清華簡《説命上》篇正面圖版

首位。今觀清華簡《說命》正是如此，全篇幾乎都是武丁之言，而傅說
的講話只有兩句。再看今傳本《說命》，中篇幾乎全為傅說之語，上、下
篇還佔一定篇幅，其字數加起來已超過商王武丁命辭的總和，主次完全
顛倒，體例嚴重不符。說明今本《說命》只是冒牌貨，絕非真古文。由
此人們真正看到先秦時期古文《尚書》的原貌，使前人關於偽《古文尚書》
的意見得到確鑿證明，同時表明新階段對古書的反思，只有科學認識前
人的辨偽成果，辯證分析傳統的辨偽方法，正確把握古書的辨偽維度，
才能使重寫學術史的工作真正成為經得起事實和歷史檢驗的名山事業。
清華簡《尹誥》《說命》的發現，終使一樁千年公案塵埃落定。這是出土
文獻在古書辨偽上取得的重大成果，值得大書特書。

　　鑒別古書真偽，評估史料價值，是古史研究的先決條件。對傳世文
獻是如此，對出土文獻亦然。清華簡作為戰國中期即已流傳的出土文
獻，同樣需要進行可信性研究。不能說凡是出土的都是可信的。出土文
獻要真正成為研究上古文明的珍貴史料，由表及裏、去偽存真、考而後
信的探索過程是必不可少的。如清華簡《耆夜》《保訓》（圖 3，圖 4）形
式上為歷史敘事，實際並不具有史書性質。不少人把它們視為王室檔案
一類的西周文獻，以前者為記錄武王戡黎之文，後者為周文王遺言，應
該是有問題的。《耆夜》開篇即稱：「武王八年，征伐耆，大戡之。」這
種紀年方式與其著作年代頗相關聯。事以繫年是中國古典文獻的優良傳
統，這在殷商末年的甲骨金文中即初露端倪。其紀時方式大多為日、
月、祀（年）相次，且王年置於文末，個別情況是月序在王年之後。周
初金文略有變化，主要增加月相詞語以精確紀日。直至穆共以後，王年
始置篇首，以王年、月序、月相、紀日干支相次，但從不用王號紀年。
從現存文獻看，使用王號紀年見於戰國時期成書的《國語》和古本《竹

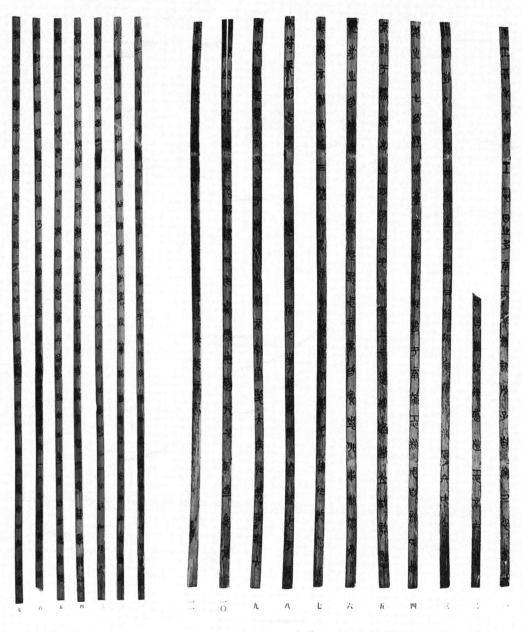

圖3　清華簡《耆夜》
　　篇正面圖版

圖4　清華簡《保訓》篇正面圖版

書紀年》。作為時代風氣的反映，《耆夜》亦當作於同一時期，應為楚地士人虛擬的一篇詩教之文。它利用和誤解了當時有關傳說和文獻資料，杜撰了武王伐黎、周公作《蟋蟀》等歷史情節，以增加詩教的力量。《保訓》的情況與《耆夜》相類。從《保訓》所見語言現象、陰陽觀念、中道思想看，都有春秋以後的時代印記，與《逸周書‧文傳》一樣，亦非史官實錄的真正的周文王遺言，而是戰國前期假借文王名義的託古言事之作。運用它們探索戰國時期思想文化的生長機理是有價值的，但用於研究虞夏商周歷史則未必適宜。

集粹征史　別有進境

上古史研究可資利用的第一手材料是非常稀缺的。商周以前自不必說，即使商周時期發現了大量甲骨金文，也因內容單一難於適應重建古史的需要。至於《尚書》《詩經》作為中國歷史上最早的歷史文獻，其中第一手史料也是鳳毛麟角。非常幸運的是，清華簡的發現充實了這方面的資料，有利於推動上古史研究的深入。如《厚父》《皇門》《祭公》《芮良夫毖》諸篇，其著作年代與所記史事年代基本同步，或源自西周王室檔案，或為時人所撰，具有極高的史料價值。儘管它們在流傳過程中，不免發生文字訛誤，或有後世加工，但大體保持了初始成篇的面貌。據以集萃征史，別有進境。

清華簡《祭公》《皇門》（圖 5，圖 6）見存於今本《逸周書》中，但《逸周書》錯訛甚多，已非原貌。如簡本記載祭公身染沉屙，穆王前往探視，躬身問政。當朝三公畢、井利、毛班亦被召見，聆受誡勉。「畢、井利、毛班」本為三公人名，傳世本卻誤作「畢桓於黎民般」，致使後世訓釋離

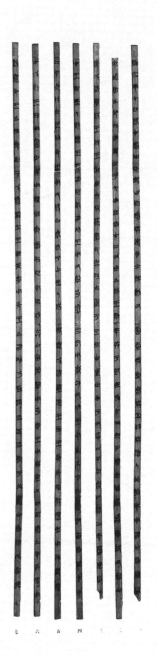

圖5　清華簡《祭公》篇正面圖版　　　　圖6　清華簡《皇門》篇正面圖版

題萬里，真義難明。循此考察可知，三公非指太師、太傅、太保，或司徒、司馬、司空，乃朝中執政大臣的通稱，且不以三人為限，主要由卿士寮、太史寮有關部門的主官組成，或三四人，或五六人，通常有一人為首席執政大臣，總攬百揆。

「三公」多來自具有伯爵的畿內封君，而畿外諸侯入為王朝卿士則較為少見。執政大臣大都尊享公爵，通常及身而止，多不世襲，以保持機構政治活力。在周天子享有最高決策權的前提下，西周三公合議制實際行使中央政府職能，具有一定程度的民主執政色彩和優化行政決策的進步作用。又如，清華簡《皇門》是一篇以西周原始檔案為藍本，在春秋時期略有加工潤色的歷史文獻。與今傳本《逸周書‧皇門》一樣，簡文亦無「皇門」字樣，只有「庫門」。或謂庫門是周制天子五門（皋、庫、雉、應、路）的第二道門。實則周制天子三門三朝，而非五門三朝。清華簡《皇門》中的庫門，當為天子三門（路門、應門、皋門）中的路門，但在文獻流傳中卻出現了借其音義的「庫門」「閎門」「皇門」等異文。清華簡《皇門》作為周公誥辭，大體作於周公後期。篇中周公自稱「余一人」，史官以「公若曰」等同「王若曰」領起全篇誥辭，誥辭始終不曾言及成王等事，都不同程度反映了周初複雜政治背景下周公攝政稱王的史實。

清華簡中的《厚父》《芮良夫毖》（圖7，圖8）是兩篇不曾傳世的西周文獻。清華簡《厚父》所記周武王與厚父君臣間的對詰，不僅代表了周人對早期國家起源的認知，也反映了中國早期民本思想的萌動。過去不少學者認為民本思想是戰國時期才有的政治理念，《厚父》說「民心惟本」，表明這種思想以及概念早在西周初年即已產生。簡文中表達的君權天賦的國家起源論雖不可信，但從國家倫理的角度看，其中蘊含的平等精神、正義精神、民本精神，卻不乏可取之處。特別是立君為民、明德

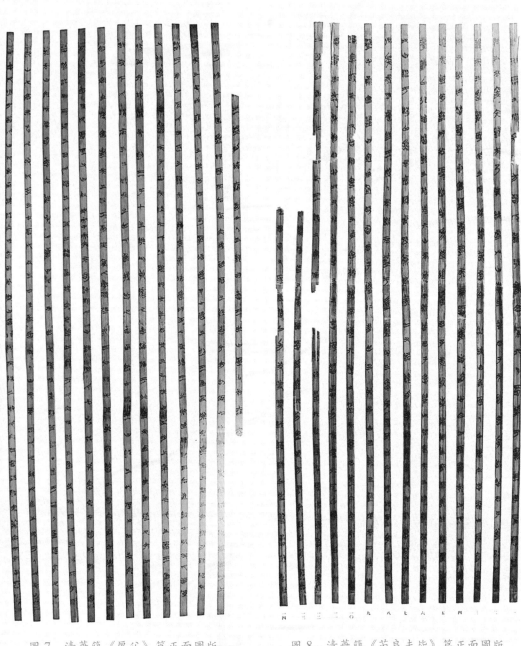

圖7　清華簡《厚父》篇正面圖版　　　圖8　清華簡《芮良夫毖》篇正面圖版

慎罰、民貴君輕等民本思想的核心關切，由周代政治家的倡導與實踐，再經儒家的傳承與昇華，已成為中華政治文化的宏麗精華，其傳統價值和積極意義不可低估。關於清華簡《芮良夫毖》，其作者未必是芮良夫，很可能是與芮良夫同一時代並具有一定官職的其他貴族。但這並不影響它的史料價值。該篇作為刺譏時政的政治詩，真實反映了西周後期的政治危機和厲王革典的實質。結合清華簡《芮良夫毖》等各種文獻，全面分析厲王對外戰爭和統治政策，可以看出無論是國防上輕忽戎患，不修邊備，還是內政上專利貪財，殘民以逞，都表明周厲王的所作所為已嚴重突破了國家倫理的基本底線，是一個不折不扣的暴虐之君，而不是一位需要恢復名譽的有作為的改革家。

稽古鈎沉　撥雲見日

　　由於上古史研究第一手材料的匱乏，致使晚出幾百年甚至上千年的二手材料也常常被廣泛利用。此類文獻的製作年代與其紀事年代存在巨大的時間差，基本上是後人寫作的東西。其形成過程相當複雜，至少有三種可能性：一是依照舊文整理成篇，二是根據傳說敷衍成章，三是編織情節杜撰成文。多數情況是真贋雜糅，神話與傳說並存，傳說與史實交織，極難分辨與取捨。照單全收不能揭示歷史真相，棄置不用也容易陷入相對主義的泥淖，化歷史為虛無。這種學科上的特殊性，給人們帶來巨大困惑。然而，困難需要克服，探索不能中斷。通過利用多學科研究手段，嚴密審查材料，發掘史實素地，稽古鈎沉，求真致用，以期撥雲見日，文明重光。

　　清華簡中也有此類晚出文獻，深入研究可以突破舊的知識盲區，形成新的歷史認知。如清華簡《尹至》（圖9）、《尹誥》等篇是有關商湯

名相伊尹的記述，它們未必都是商代文字，但對考索伊尹有關史跡不失為重要資料。王國維說：「上古之事傳說與史實混而不分。史實之中固不免有所緣飾與傳說無異，而傳說之中亦往往有史實為之素地，二者不易區別。此世界各國之所同也。」由於甲骨文的發現與證明，終使伊尹漸褪其神話色彩，成為真實的歷史人物。但是，傳世文獻有關伊尹的傳說，儘管今有清華簡的補充，實際上仍未得到有效證明，本質上還是傳說的疊加，不能完全等同於史實。所以利用清華簡和別的材料來探索伊尹的族屬、出身、德業等史跡，必須對各種傳說進行理性的考察。研究發現，伊尹並非姒姓的有莘氏人，亦非庖人出身的媵奴，而是因遭洪災投靠有莘氏的子姓伊氏之長。他促成了殷氏、莘氏、伊氏戰略同盟的建立，奠定了推翻夏桀統治的政治軍事基礎。在夏朝貴族國家體制下，伊尹往來夏商之間屬於正常的政治活動，而不可視為間諜行為。他佐助商湯完成了滅夏興殷的大業，故以同姓先舊身份在殷人祀譜中享有崇高地位。清華簡《程寤》（圖 10）在今本《逸周書》中有目無文，今得完篇，彌足珍貴。簡文敘述太姒做夢、文王占夢、太子發受誡等內容，與文獻艷稱的文王受命有關。

從《程寤》所見月相紀時方式、明堂占卜制度、語言特徵等方面來看，它並非出自先周或周初史官之手，很可能是數百年後根據傳說資料編撰的作品。顧頡剛先生認為，傳說也是一種史料，《程寤》有關文王占夢受命的傳說可作如是觀。所謂文王受命，既非受殷王嗣立之命，亦非受封西伯之命，而是受皇天上帝之命以取代殷人對天下的統治。文王受命、稱王、改元三位一體，奏響了東進伐商的序曲。文王受命凡七年，五代殷商與國，未及接商而終。武王於文王七年即位，承其紀年，繼其遺志，於十一年告成伐紂之功。周人取代大邦殷成為新的天下共主，從而揭開了中國古代文明持續向前發展的歷史新篇。

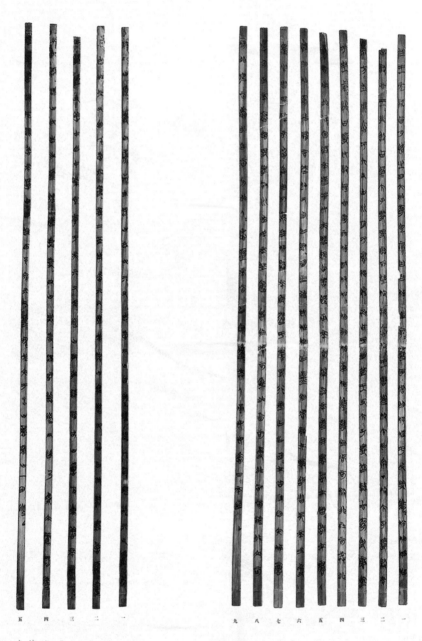

五　四　三　二　一

九　八　七　六　五　四　三　二　一

圖9　清華簡《尹至》篇正面圖版　　圖10　清華簡《程寤》篇正面圖版

清華簡《金縢》（圖 11）係近年出土的重要經學文獻之一。與今本《尚書・金縢》相較，不僅內容大致相合，而且有些異文對解決有關歷史問題提供了新的線索。《金縢》雖為今文尚書，但在歷史上也有人目為偽書。宋代程頤、王廉頗疑《金縢》非聖人之書，清人袁枚甚至認為它是漢代偽造的。如今清華簡的發現，證明《金縢》決非偽書，而是在春秋前期即已形成文字的一篇作品，但不能因為它的晚出而完全否定其歷史敘事的真實性。結合相關文獻對《金縢》竹書本和傳世本細加考析，證明武王開國在位三年、周公居東即東征等說法是真實可信的。竹書本與傳世本互有歧異，各見優長。只有對不同傳本細加考證，同中析異，異中求真，才能較好發掘不同類型文獻的史料價值。清華簡《楚居》（圖 12）是戰國中期楚人自己撰作的一篇重要文獻。篇中記述楚先、楚君的居邑及其遷徙，遠較傳世文獻為詳，傳說與史實並存，舊聞與新知共見。就其所述戰國時期楚人居邑狀況來說，《楚居》不失為當時人的作品，但涉及楚人的族源地問題，它實際上也成了傳說資料，需要結合其他文獻詳加考察。從《楚居》山、喬山、京宗等地名所涉地域看，季連部落當起源於中原洛陽一帶。其後北遷殷商腹地方山，盤桓楚丘一帶，與殷王室保持着密切關係。殷商末年，為避禍殃，楚人的一支在穴熊帶領下，沿黃河西進，復歸故地京宗，暫作開拓江漢的據點。待周初熊繹之時，楚人南遷丹水之陽，立國江漢，終成真正代表羋姓楚族的南方大國。

　　清華簡是一次驚人發現，資料尚在陸續整理公佈之中。它是一座富礦，值得學者付出艱辛，深入開掘，以推進傳統文化的傳承與創新。

　　（作者係國家社科基金項目「清華簡與古史尋證」負責人，國家社科基金重大項目「多卷本《西周史》」首席專家，天津師範大學教授）

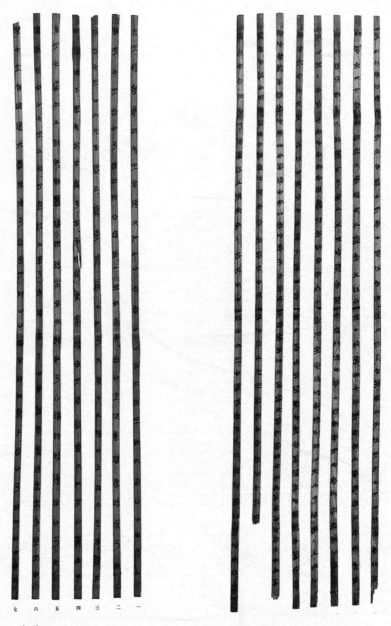

七　六　五　四　三　二　一

圖 11　清華簡《金縢》篇正面圖版　　圖 12　清華簡《楚居》篇正面圖版

睡虎地漢簡《質日》的史料價值

陳　偉　蔡　丹

　　2006 年，在曾經出土珍貴秦簡的雲夢睡虎地墓地，又發現 2000 多枚西漢簡牘。連續 14 年之久的「質日」長卷，與律典、文書、算術書一起，成為這批簡牘中的亮點。

　　作為古人的日記，「質日」記述了哪些公私事務？蘊含着何種歷史信息？西漢早期的曆法是什麼樣子？三伏又如何安排？帶着這些疑思，我們來嘗試解讀睡虎地漢簡《質日》。

　　睡虎地秦漢墓地位於湖北雲夢縣城西部、火車站北側。在這處今天看似平常的地表之下，卻一再有令人震驚的考古發現。1975 年底，4 號秦墓出土兩件遠征士兵寫給家人的木牘書信；11 號秦墓更清理出 1100 多枚竹簡，包括珍貴的法律文書和數術文獻。2006 年 11 月，在 11 號秦墓之東約 70 米處，漢丹鐵路路基加固施工時，又發現 77 號西漢墓（圖 1）。墓口長 248 厘米，寬 185 厘米，殘深 193 厘米。

　　葬具用一棺一槨，隨葬器物有陶器 8 件，漆、木、竹器 26 件，銅鏡、石硯、鉛鋬各 1 件。在邊箱的一件竹笥中，盛放 2100 多枚簡牘，內容有質日、律典、文書、簿籍、書籍、日書等，與 40 年前出土的秦簡牘相輝映（圖 2-4）。

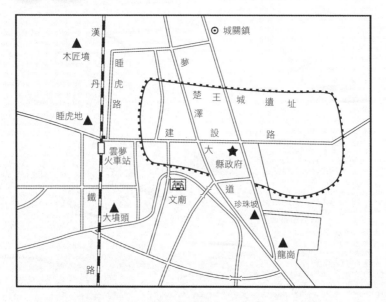

圖 1　雲夢睡虎地 M77 位置示意圖

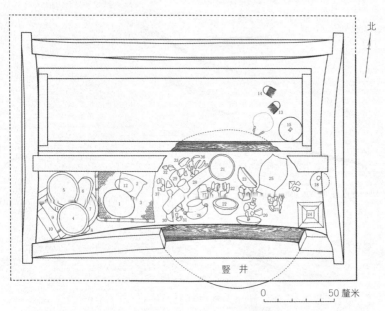

1、29.漆圓奩　2、30.漆卮　3.竹筒　4、5、11.漆圓盤　6.漆橢圓奩　7.陶甑　8、12、
32-36.漆耳杯　9、10.竹笥　13.木梳　14.木篦　15.銅鏡　18.石硯　20、21.陶鼎　22、
23.陶盒　24、25.陶鈁　26.陶鍪　27.鉛鍪　28.漆枕形器　31、37.殘漆器

圖 2　雲夢睡虎地 M77 平面圖

圖 3　質日清理 01

圖 4　質日清理 02

「質日」在傳世典籍中毫無蹤跡。通過出土的簡牘資料才得知，它其實是秦至西漢時期一種相當流行的文獻形式。「質日」以曆表為依託，一年一卷，在曆日數據之下，往往簡要地記敘一些事務，與當今人們在日曆上記事類似。臨沂銀雀山 2 號漢墓出土的元光元年曆譜，屬於比較單純的曆表，共用 32 枚簡。自右起數，第 1 簡記寫題名，第 2 簡書寫從十月至後九月 13 個月名及各月大小 [1]，隨後 30 枚簡也分 13 欄，分別書寫各個月份每天的日辰干支。而質日為了給記事文字留出位置，每支簡只分 6 欄，先記雙月（太初元年之前）或單月（太初元年以後）6 個月名及其大小，以及相應月份的日辰干支，再記另外 6 個月的月名、大小和相應月份日辰干支。因此，一年質日使用竹簡的數量通常比單純的曆表多一倍；有閏月的年份還會增加記載閏月月名、日辰干支的幾支簡。一卷質日的開頭，大多帶有「某年質日」的標題。最早發現的實例是 1988 年發掘張家山 336 號西漢墓出土的《七年質日》（漢文帝前元七年）。2007 年嶽麓書院入藏的秦簡有《【廿】七年質日》《卅四年質日》《卅五年私質日》（均屬秦始皇時期）。睡虎地漢簡則有《十年質日》《十六年質日》《元年質日》《七年質日》等等（漢文帝前元十年至後元七年）。有的質日簡冊，雖然沒有「質日」的題名，但按內容也可歸為同類，例如沙市周家台 30 號秦墓《三十三年質日》、東海尹灣 6 號漢墓《元延二年質口》。在質日題名發現不多時，有學者推測這類文獻稱作「記」「曆記」或「日記」。現在看來，應該可以放心地統稱為「質日」。

　　一座墓葬出土的質日，有的只有一年，比如周家台 30 號秦墓、張家山 336 號漢墓、尹灣 6 號漢墓。北京大學收藏的秦簡，包含有兩年的質日。嶽麓書院收藏的秦簡，包含有三年的質日。睡虎地 77 號漢墓出土的

質日，起於文帝前元十年（前 170），止於後元七年（前 157），包含 14 個年份的連續數據，超過目前所見其他質日的總和。可以說是秦漢質日文獻最重大的發現。由於路基施工的原因，前元十一年、十五年和後元五年的質日損壞嚴重，只保存一些殘片，前元十六年質日全部竹簡的上半段和後元四年質日大部分竹簡的上半段也已經殘缺，其他九個年份的質日保存基本完好（參看圖 5-12）。這為研究 77 號墓葬、秦漢時質日以及當時歷史的相關問題，提供了重要的資料。

「質日」的文獻特徵

「質日」記事，大都帶有行為者的名字，即交代出事情的主體，但也有的略而不書。以《十年質日》為例，十月戊子「越人休，期視事」，癸巳「越人道休來」，四月癸巳「佐期不給事廷，視事」。通過這些記載可知，越人在十月戊子（1 日）開始休假，癸巳（6 日）結束假期返回官署；期於十月戊子在官署辦公，四月癸巳（9 日）不再在廷（縣衙）服務，而回到自己的官署辦公。「期」一作「佐期」，顯示期的職務是官佐，提供了更多信息。然而，四月下記稱「己亥（15 日）歸寧」，並未說明行為者是誰。

先前研究嶽麓書院藏秦簡質日時，有學者提出：未交代行為者名字的才是質日記寫者本人的紀事。相應地，帶有行為者的紀事，並非質日記寫者所為，這些人可以排除在記寫者之外。然而，睡虎地漢簡質日中，未帶行為者名字的記載，與帶有「越人」名字的記載，往往密切關聯。《十年質日》四月存在一組相關記錄：「己丑（5 日）越人之邨。乙未（11 日）父下席。戊戌（14 日）越人道邨來。己亥（15 日）歸寧。甲辰

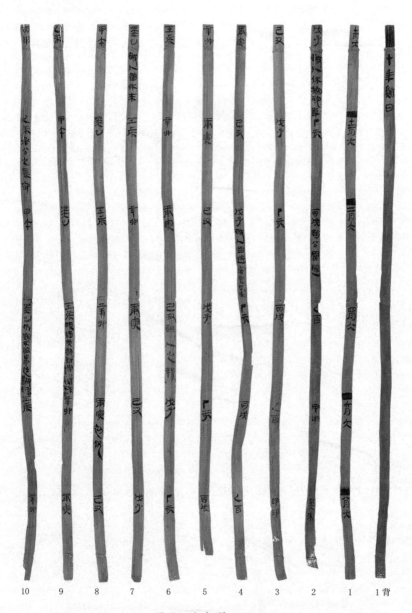

圖 5　十年質日 01

圖6 十年質日02

圖 7　十年質日 03

圖 8　十年質日 04

40　39　38　37　36　35　34　33　32　31

圖9 十年質日05

圖 10 十年質日 06

68　67　66　65　64　63　62　61

圖 11　十年質日 07

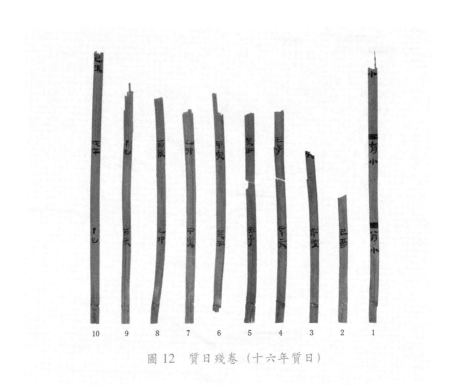

圖 12　質日殘卷（十六年質日）

（20 日）父葬。乙巳（21 日）越人視事。」《史記·魯仲連鄒陽列傳》記
魯連說：「昔者齊威王嘗為仁義矣，率天下諸侯而朝周。周貧且微，諸侯
莫朝，而齊獨朝之。居歲餘，周烈王崩，齊後往，周怒，赴於齊曰：『天
崩地坼，天子下席。東藩之臣因齊後至，則斮。』……」司馬貞《索隱》
解釋說：「謂烈王太子安王驕也。下席，言其寢苫居廬。」結合簡文看，
「下席」應是死亡的諱稱。歸寧，指回家治喪。如《後漢書·桓榮傳附鸞
子曄傳》記：「初，鸞卒，姑歸寧赴哀，將至，止於傳舍，整飾從者而後
入，曄心非之。」由於各條紀事前後銜接，這裏的「父」自然是指越人

之父,「己亥歸寧」顯然也是越人所為。又如,《(後元)二年質日》八月「己卯(13日)守陽武亭,適入試」。「戊子(22日)越人不守陽武亭,適來」。

己卯日臨時負責(守)陽武亭的應該也是越人。大概是因為適入試,越人代理陽武亭校長;戊子日適歸來,越人便不再代理。再如,《(後元)三年質日》五月「乙丑(4日)之廷上墾田數」;「丙子(15日)佐越人道廷來,視事」。乙丑到縣廷報告墾田數的應該也是越人,這樣才有丙子日從縣廷返回履職之事。這樣看來,質日中省略行為者名字的紀事確實屬於記寫者,但帶有名字的記錄卻不能完全排除屬於記寫者的可能性。應該留意彼此間的聯繫,嘗試發掘記寫者的更多信息。具體就睡虎地漢簡質日而言,記寫者應該就是越人。

睡虎地質日簡冊的記載,有的還可與同墓出土的簡牘文書關聯,構成判斷越人乃是質日記錄者,亦即墓主的證據。據《五年將漕運粟屬臨沮令初殿獄》案卷記載,文帝后元五年越人參與「將漕」即帶人參與漕運,因為考課殿后被問罪。對嫌犯身份,案卷記載說:「越人,公乘,路里,為陽武鄉佐。乃五年五月甲寅,皆為守令史,徭將漕,屬臨沮令初部。」在《(後元)五年質日》殘片中,保存有「甲寅除為守令史」和「壬子道將漕來,休廿三」的記錄,證實案卷中「將漕」的越人與質日記寫者實即一人。

綜合質日簡冊記載可知,越人在文帝十年(前170)出現時即是安陸縣小吏。十四年(前166)調任陽武鄉佐,仍常常被臨時安排到縣廷公幹。後元五年(前159)代理令史帶領漕運被問罪。《(後元)七年質日》是最晚的質日簡冊,正月以後已少有記事,最後兩個月份(八月、九月)更空無記錄,越人大概即卒於當年(前157)。睡虎地

77 號墓下葬大概就在這一年。這也是同墓出土其他簡牘抄寫的年代下限。

睡虎地漢簡質日中還有一種情形值得注意。就是有一些事況，越人不可能親自經歷卻被記載下來。如《十年質日》記十二月「乙未（9日）丞公之長安」，「甲寅（28日）丞公到長安」，正月「甲戌（18日）丞公發長安」，「辛巳（25日）越人送客竟陵」，二月「戊子（3日）越人道送客竟陵來」，「乙未（10日）丞公道長安來」，丞公（對縣丞的尊稱）往返長安時，越人顯然並未跟隨，否則不可能同時從安陸（治所當即在今雲夢城關的雲夢古城）送客人到竟陵（治所約在今湖北潛江市境）。這樣，越人不可能得知丞公到達和離開長安的時間。《十六年質日》九月記「庚辰（3日）試騎沙羨」，「丙戌（9日）勸宿麥卒史來」，「庚寅（13日）道試騎沙羨來」。「勸宿麥卒史來」，是說勸宿麥卒史來到安陸。當時越人因參加試騎前往沙羨（治所在今武漢市武昌區西），不可能參與接待勸宿麥卒史的相關安排。

《〈後元〉七年質日》記十月「甲寅（12日）致採珠食江陵」，十一月「丁亥（16日）案居給事陽武」，「丙申（25日）道江陵來」，當時越人出差在江陵（治所約在今湖北荊州市），不容易及時得知陽武鄉吏員值班的具體情形。裏耶秦簡行廟文書（8-138+8-174+8-522+8-523）顯示，在秦遷陵縣官廟中，有多位令史輪班巡視祠廟時記錄的「質日」。嶽麓書院藏秦簡中，與《【廿】七年質日》《卅四年質日》並存的，還有《卅五年私質日》，也顯示質日具有官府公共記錄的屬性，也可用於私人場合。西漢各級官署中大概也有一些公用質日，官吏可以從中抄錄某些內容到自己的個人質日，使得他們的「私質日」多少帶有官質日的色彩。

珍貴的歷史信息

質日紀事雖然簡短，但往往具有珍貴的史料價值，值得認真解讀。

《（後元）二年質日》記後九月「壬辰（27日）將採珠」，《（後元）三年質日》記二月「辛丑（8日）採珠罷」，「戊申（15日）夕到，歸路里」，「己酉（16日）道將採珠來，休十日」（見圖13）。睡虎地漢簡質日有時在越人出差返還時記作「到安陸」。「戊申夕到」的「到」，很可能是「到安陸」的省略表述。結合前文引述的《五年將漕運粟屬臨沮令初殿獄》，可知路里為越人的家室、戶籍所在。睡虎地墓地1975年發掘的5號秦墓出土14號漆卮外壁針刻「路里」二字，先前有多種解釋。對照睡虎地漢簡資料，可知應該是標記使用者所在的裏名。這意味着，路里至少從秦代延續到西漢文帝之世，睡虎地則在相應時期作為路里居民的墓地。在通常情形下，古人的住所與葬地，相隔不會太遠。越人在文帝后元三年二月戊申日傍晚從外地返還安陸，當即回到路里家中開始度假，則顯示路里當在安陸縣治或其近處。秦漢安陸縣治所在舊說不一。睡虎地墓地出土簡牘和漆器文字顯示，當時安陸縣城應當就在這處墓地附近，應該就是安陸古城。

《漢書·文帝紀》：「（後元）四年夏四月丙寅晦，日有蝕之。五月，赦天下。」同書《五行志》作「（文帝）後四年四月丙辰晦，日有食之」。《（後元）四年質日》四月丙辰（30日）記「赦及未發覺者」，直接證實該月晦日干支《文帝紀》有誤而《五行志》正確。更可貴的是，由此可知這次赦令其實頒發於四月底而不是五月；赦免的對象則包括「未發覺者」。

漢代八月的「戶」即戶口核查，是在縣廷還是在鄉署進行，學界有不同看法。後元《元年質日》記八月「丁亥（15日）戶」、「戊子（16日）

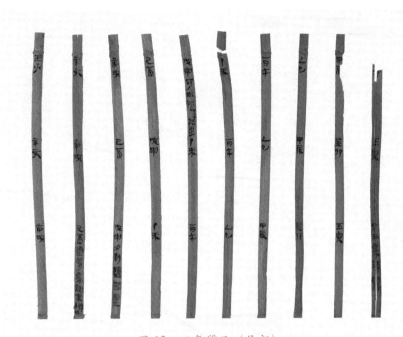

圖 13　三年質日（局部）

算」，《三年質日》記八月「癸卯（13 日）戶、算陽武」，《六年質日》記八月「乙卯（12 日）戶、算陽武」。陽武是西漢安陸縣轄下的一個鄉。後兩條記載寫明「戶」是在鄉進行。後元元年的記事，聯繫前後記錄看，也當發生在陽武。而文帝十四年質日八月乙丑（6 日）記「徙為陽武鄉」，顯示越人此後即任職於陽武。這些記載明確印證「戶」在各鄉舉行的見解。與「戶」同時的「算」，或以為檢核人口，或以為收取算賦。睡虎地漢簡質日資料雖然未足以說明「算」的具體內涵，但它與「戶」可以同日，也可以在其次日，顯然二者關聯密切但又並非一事。

對縣的等級,《漢書‧百官公卿表》記云:「縣令、長,皆秦官,掌治其縣。萬戶以上為令,秩千石至六百石。減萬戶為長,秩五百石至三百石。皆有丞、尉,秩四百石至二百石,是為長吏。」在《二年律令‧秩律》中,縣按秩別分五等,其中六百石以上的一二三等縣 265 個,五百石以下的四五等縣只有五六個。周振鶴先生《〈二年律令‧秩律〉的歷史地理意義》(《學術月刊》2003 年第 1 期)一文因而認為漢初縣的等級、秩別與《百官公卿表》不同,懷疑八百石以上者為大縣,六百石以下者為小縣。《(後元)六年質日》五月丙戌(12 日)記「安陸長楊台為溫丞」。在《二年律令‧秩律》中,溫縣列在二等,長官秩「八百石,有丞、尉者半之」;安陸列在三等,長官秩「六百石,有丞、尉者半之」。睡虎地漢簡質日把安陸縣長官稱為「長」,應屬小縣。這與周先生推測相符。但安陸長到溫縣只是擔任丞,如果不涉及貶任的問題,則在溫縣等級高於安陸之外,文帝時大縣縣丞的秩級與《二年律令》《百官公卿表》相比,似乎也有所不同。

朔閏與伏臘

近幾十年中,學者利用銀雀山漢簡元光元年曆書等資料,探求西漢早期曆法。其中陳久金、陳美東先生與張培瑜先生復原的曆表,影響最大。睡虎地質日中,文帝十一年、十五年及後元五年的殘缺嚴重,其他 11 個年份曆表的大小月、閏月安排和各月月朔,與陳表全然一致;而張表文帝十年八月、十三年三月及後元元年二月、三年九月、七年九月等朔日,均遲後一天。可見在這一期間,陳表更貼合當時的曆法實際。

《初學記》卷四「伏日第八」引《陰陽書》說:「從夏至後第三庚為

初伏，第四庚為中伏，立秋後初庚為後伏。」根據元光元年曆書等資料，羅福頤、張培瑜等學者已指出西漢時的三伏安排，並非那麼規整。睡虎地質日中的三伏亦然。初伏在夏至後第三庚的，只有文帝十二年、十四年及後元元年、七年這 4 個年份；而文帝十六年初伏在夏至後第一庚，文帝十年、十三年、後元二年等在夏至後第二庚，後元三年竟在夏至後第五庚；後元四年初伏則多達 20 日。後元三年、六年中伏均在立秋後，十年、十四年中伏更長至 30 日。十三年、十六年及後元七年後伏均在立秋前，十二年、後元三年後伏在立秋後第二庚，十四年、後元六年在立秋後第三庚。

《說文解字》：「臘，冬至後三戌臘，祭百神。」睡虎地質日在文帝十二年、十三年、十四年及後元六年、七年記有「臘」，在文帝十年及後元元年、二年記有「可臘」。從設置時間及其與下文所述「出種」的關係來看，「可臘」當是「臘」的異名。「臘」或「可臘」的日期，文帝十年、十二年、十三年及後元二年列在冬至後第二戌，十四年及後元元年、六年列在第三戌，後元七年列在第四戌。前賢也曾指出元光元年曆書等出土西漢曆譜中的臘不像《說文》所說的那麼規則，睡虎地質日進一步豐富了這方面的數據。

在睡虎地質日曆注中，與「臘」緊密相關的「出種」也很值得注意。在文帝十年、十二年、十四年和後元二年、七年，「出種」均在臘後一日，後元元年在臘後 13 日，後元六年在臘後 25 日。「出種」先前在秦漢簡牘中偶有所見，未知其詳。周家台秦簡《先農》記述在臘日祭祀先農的儀式，其中說：「到明出種。即邑最富者，與皆出種。即已，禹步三出種所。」孔家坡漢簡景帝后元二年曆書亦有記載，在臘後 13 日。現在對這些資料綜合考察，可知「出種」大致是與耕種有關的一個程序或儀式。

多數年份安排在臘的次日，所以秦簡《先農》說「到明出種」。在秦漢時期較為流行，但後世失傳。

（作者陳偉係國家社科基金重大項目「雲夢睡虎地 77 號西漢墓出土簡牘整理與研究」首席專家，武漢大學教授；蔡丹係湖北省文物考古研究所副研究館員）

注　釋

（1）　秦代至漢武帝太初元年改曆之前，以十月為歲首，九月居歲末；閏月放在最後，稱為「後九月」。

漢代絲綢之路文明交流的敦煌漢簡記憶

馬智全

他，大氣磅礴，滿腹經綸，矗立於東方大地而傾心西望。她，碧玉琳琅，儀態萬方，搖曳於西部沃土而矚目東方。漢朝與西域，風塵僕僕的萬里相約，聚會的地方叫敦煌。2000 年之後，考古隊員用精巧的手鏟，拂去戈壁荒原上久日的塵封，兩萬多枚漢簡描繪的東西文明交流勝景頓現眼前。

敦煌為什麼能出土數以萬計的漢簡？敦煌為絲綢之路的暢通提供了怎樣的保障？漢簡記載了哪些東西交往的趣事？讓我們走進敦煌漢簡去了解 2000 多年前的絲路往事。

2000 多年前張騫「鑿空」的漢代絲綢之路，開啟了中原與西域文明相互交流的輝煌時代（圖 1）。漢代絲綢之路從長安或洛陽出發，經河西走廊而至敦煌，是漢朝郡縣行政管理下的交通要道。從敦煌陽關、玉門關向西而行，南、北兩道連接西域諸國，是西域文明滋養生長的融匯通道。敦煌正是中原文明與西域文明碰撞交流吸納傳播的咽喉要地。20 世紀以來，敦煌漢塞及驛置遺址先後出土了大量漢代簡牘，忠實記錄了中西文明交流的生動歷史進程，是今日認知絲路起源、重溫絲路故事、再現絲路場景、探求絲路精神的珍貴檔案文獻。

圖 1　敦煌壁畫張騫出使西域圖

　　敦煌漢簡，是漢代敦煌郡屯戍交通的遺物。西漢為了抵禦匈奴及羌人入侵，在敦煌祁連山北側和疏勒河沿岸修築了南北兩道塞防。敦煌漢塞戍守人員眾多，屯戍體系嚴密，簿籍檔案詳備，文書行政通暢。時過境遷，書寫於簡牘上的屯戍記錄逐漸掩埋於沙磧之下。由於敦煌氣候乾旱少雨，漢簡文物得以完好保存。20 世紀以來敦煌漢塞先後出土了多批漢簡，如 1907、1914 年西方探險家斯坦因第二、第三次中亞考察時在敦煌漢塞掘獲漢簡 3000 多枚，羅振玉、王國維因之撰成《流沙墜簡》，成

就了簡牘學的奠基之作。1944 年向達、閻文儒在玉門關遺址發現漢簡 77 枚，是西北科學考察的重要收穫。1979 年馬圈灣烽燧出土漢簡 1217 枚，1998 年玉門關遺址出土漢簡 342 枚，以及歷年來敦煌漢塞考察所獲漢簡數百枚，是新中國建立以後敦煌漢簡的重要發現。除了邊塞漢簡之外，敦煌驛置簡牘更加值得關注。漢朝為了保障政令上傳下達，在各郡國要地設立了系統的驛置機構。如敦煌郡效穀縣就設有懸泉置、遮要置，為朝廷過往人員提供食宿接待，同時承擔東來西往的郵書傳遞任務。驛置吏卒詳細記錄了過客接待及郵書傳遞信息，以備考核檢查，留下了豐富的漢簡文書。1990—1992 年，敦煌懸泉置遺址（圖 2，圖 3）被全面發掘，共出土漢簡 20000 多枚，內容十分詳備，是認識漢代絲綢之路文明交流的百科全書。

圖 2　懸泉置遺址

圖 3　懸泉置遺址復原圖

漢代絲綢之路暢通的敦煌保障

從兩漢史籍和漢簡文獻來看，敦煌是漢代絲綢之路暢通的關鍵支撐和得力保障。由於張騫鑿空西域，漢代對西方神奇的土地充滿了了解的渴望。出於抵禦匈奴的需要，漢朝制定了聯通西域的重大戰略。霍去病出師河西，漢開河西四郡，在敦煌設立陽關、玉門關（圖 4）作為出入西域的樞紐，中西文明交流的進程在敦煌留下了清晰的印跡。

漢代絲綢之路的暢通，是外交與軍事協同作用的結果。漢朝因抵禦匈奴的需要，派遣張騫出使西域，為漢朝打開了西向瞻望的全新視野。漢武帝決心加強與西域諸國的往來，因為西域地理遙遠，路途險惡，非人所樂往，於是「募吏民毋問所從來，為具備人眾遣之」，由此形成了

圖 4　玉門關遺址

「使者相望於道」的盛況。在出使西域的漫漫征途中，敦煌無疑是最重要
的交通節點。漢朝使者出使西域，從長安到敦煌，漢朝所設前後相繼的
驛置機構可以提供飲食住宿。出了敦煌，就進入艱辛異常的西域征途，
敦煌正是使者駐紮休整的要地。

　　如史書記載的西漢著名外交家長羅侯常惠，曾多次途經敦煌而出使
烏孫，為漢朝與西域的交往做出了重要貢獻。烏孫是西域大國，位於今
哈薩克斯坦東南、吉爾吉斯斯坦東部一帶，地域廣大，人口眾多，是漢
朝着力交往共禦匈奴的大國。漢武帝時先後派細君、解憂公主和親交
好，但烏孫依違於漢與匈奴之間。漢宣帝本始三年（前 71），漢與烏孫
聯合出擊匈奴，取得了軍事上的重大勝利，烏孫與漢朝的交往日漸密

切。漢宣帝元康年間，烏孫昆彌翁歸靡又向漢朝提出和親，並答應以解憂公主子元貴靡為嗣。漢宣帝應允和親，選立解憂公主弟子相夫為少主，配置官屬侍御，讓少主在上林苑中學習烏孫語，同時派出使者往來烏孫聯繫娶聘事宜。在懸泉漢簡中，有一封「懸泉置元康五年正月過長羅侯費用簿」（圖5），共 18 枚木簡，記載常惠使團於神爵元年（前 61）正月經過敦煌懸泉置的飲食情況。懸泉置提供了牛、羊、雞、魚肉及米、酒、醬、豉之物款待常惠的出使團隊，是漢代絲綢之路上使者往來的珍貴記錄。神爵二年（前 60），長羅侯常惠送少主和親行至敦煌，還沒有出塞，得到信息說烏孫昆彌翁歸靡死，烏孫貴人沒有立元貴靡而立

圖 5　懸泉置元康五年正月過長羅侯費用簿

了親近匈奴的狂王泥靡。於是常惠上書朝廷，願將少主留在敦煌，自己親往烏孫交涉。此事雖因朝廷決定征還少主而罷，但從事態發展經過可以看出敦煌對絲綢之路使者往來提供的重要保障。

敦煌因地處河西走廊西端，是漢朝出師西域的前沿陣地。自張騫出使西域以來，漢朝與西域的交往日漸頻繁。但由於匈奴在西域的影響，一些西域國家認為漢地遙遠，軍力難及，往往貪漢財物，侮殺使者。如在今費爾幹納盆地的大宛，是張騫西行到訪過的國家。大宛多善馬，特別是汗血馬為漢武帝所神往。漢武帝派使者持千金與金馬，到大宛請求善馬。但大宛認為漢地絕遠，兵不能至，殺了漢朝使者，奪取金寶財物。太初元年（前 104），漢武帝派遣貳師將軍李廣利出師大宛。初次出征，由於糧草準備不足，大軍到郁成而中道返回。漢武帝聞之大怒，派出使者至玉門關，下詔說「軍有敢入者輒斬之」，李廣利只好駐師敦煌。次年，漢又大為徵發六萬多人，廣備糧草，李廣利復出敦煌而一路向西，最終取得了征伐大宛的勝利，得天馬而歸。這一事件，充分反映出敦煌在西域開拓史上的重要軍事戰略地位。

在漢朝與西域交往過程中，每當西域國家受匈奴影響而與漢為敵，敦煌就是軍事行動的前沿陣地。烏孫與漢朝的交往時常受到匈奴的影響，漢宣帝甘露元年（前 53），烏孫翁歸靡胡婦子烏就屠襲殺狂王泥靡，依仗匈奴威勢，自立為昆彌，於是漢朝派遣破羌將軍辛武賢出師討伐烏孫。史書記載辛武賢帶兵一萬五千人到敦煌，修築自敦煌到西域的水渠，用來通渠運穀，同時修築糧倉以備出師。

這次征戰在懸泉漢簡中就有記載：「效穀長禹、丞壽告遮要、縣泉置，破羌將軍將騎萬人從東方來，會正月七日，今調米肉飴黍，假……書到受作，毋令客到不辦具，毋忽如律令。」這是敦煌效穀縣給下轄

遮要、懸泉兩個驛置的通知,說明破羌將軍辛武賢帶領騎士萬人從東方來,到達敦煌的時間是甘露元年正月七日,要求驛置做好接待工作,簡文內容正可與史書記載相印證。還有漢簡反映出辛武賢在敦煌設置幕府,敦煌太守移文告事,可見辛武賢在敦煌經過了較長時段的備戰工作。漢宣帝時的這次重大軍事行動由於後來外交的協調而沒有成行,不過漢簡反映出敦煌水渠修治延續了數年之久。辛武賢在敦煌的全力備戰,正可見敦煌在守衛西域安危方面的重要軍事地位。

漢代敦煌在外交與軍事方面對絲路暢通的保障,在敦煌所出漢簡中還有諸多反映,如都護鄭吉屯田西域,馮夫人為烏孫事務斡旋奔波,匈奴日逐王歸漢,烏孫歸義侯侍子入朝,敦煌漢簡都有文書記載。東漢時西域三通三絕,敦煌發揮的作用更加重要。西域副校尉一度設在敦煌,敦煌太守兼領西域,敦煌是漢代聯通西域的咽喉要地。

敦煌漢簡所見中原文明向西域的傳播

在漢代絲綢之路開拓進程中,由於漢朝聯通西域以斷匈奴右臂的政治需求,漢朝高度重視與西域諸國的交通往來。隨着漢地使者商客到達西域,漢朝在西域屯田戍守,建立各級管理機構,中原文明逐步走進西域諸國,農犖、手工業、文化禮儀制度都有廣泛傳播。

漢朝出使西域面臨最大的困難是食糧不繼。由於匈奴的影響,漢朝使者來到西域,「非出幣物不得食,不市畜不得騎。」而匈奴使者「持單于一信到國,則國國傳送食,不敢留苦。」有的西域國家則「度漢兵遠不能至,而禁其食物以苦漢使」。漢武帝太初元年(前 104),貳師將軍李廣利初伐大宛,因食糧不繼而中道返回,說:「道遠多乏食,且士

卒不患戰而患飢。」為了解決食糧供應問題，漢朝在西域先後建立了輪台、渠犁、伊循、車師、赤穀城等多個屯田區。西域屯田的設置，使漢朝的農業耕作技術在西域廣泛傳播。如水利灌溉技術在屯田區的應用，井渠法及穿井技術因地而施，提高了農業產量，保證了漢朝吏卒的食糧供給。李廣利征伐大宛時特意帶上水工，客觀上也促進了水利技術的西傳。西域屯田吏士由中原前往西域或是由西域東歸內地，敦煌都是他們的必經之地。敦煌漢簡忠實記錄了他們的行經路程、到達地點、所持兵物、身份信息，對深入認識西域屯田狀況極有價值。

在漢朝與西域的交流過程中，錢幣和絲綢是重要憑介。漢朝使者出使西域諸國，經常以幣帛賞賜。張騫二出西域，「齎金幣帛直數千百萬」，可見所持錢幣絲綢數量眾多。西域國家「貴黃金採繒」，烏孫昆莫就因接受賜物而向張騫施行拜禮。漢朝派公主和親西域，也都有大量帷帳錦繡之物陪嫁。這些活動都促進了漢朝錢幣與絲綢在西域的廣泛使用。中原的冶金製造技術對西域也有重要影響。例如大宛：「其地無絲漆，不知鑄鐵器，及漢使亡卒降，教鑄作它兵器。」漢成帝時烏孫圍困西域都護段會宗，成帝召問熟悉西域事務的陳湯，陳湯說：「夫胡兵五而當漢兵一，何者，兵用樸鈍，弓弩不利，今聞頗得漢巧，然猶三而當一。」可見漢代兵器製造技術對西域的影響。漢代的髹漆工藝也隨着人員流動而進入西域，豐富了當地人民的生活。

漢朝的文化禮儀制度深為西域諸國所嚮往。在漢朝逐步實現對西域的有效管理後，西域諸國需要向漢朝納質朝貢。西域質子在長安學習漢朝文化，接受漢朝教育，當他們回到西域後，就成了中原文化的有力傳播者。西域諸國常派王侯貴人到漢地納貢朝賀，也深受漢文化影響。有的國家便將漢地文化禮儀制度實施於本國。如龜茲王絳賓和親於漢，娶

圖 6　懸泉置接待
龜茲王夫人簡

解憂公主女為夫人。「樂漢衣服制度，歸其國，治宮室，作徼道周衛，出入傳呼，撞鐘鼓，如漢家儀。」就是用漢朝禮儀制度治理國家的代表。在懸泉漢簡中，有一枚漢簡記載了敦煌懸泉置為接待龜茲王夫人而作的精心準備，牀臥帷帳，皆有規制，體現出敦煌對西域交往的高度重視（圖6）。同時，漢朝為實現對西域諸國的有效管理，先後在西域國家設官封職，賜給國王封號印信，各級屬吏也有漢官名稱，是漢朝制度在西域實施的重要體現。

敦煌漢簡所見西域文明向漢地的傳播

從西域文明向東傳播的狀態來看，敦煌所處的地位更加重要。敦煌是由西域進入漢朝的第一個郡治，也是漢王朝接受西方文化的要衝之地。通過懸泉漢簡的記載來看，西域重要國家如西域北道的車師、孤胡、山國、危須、焉耆、烏壘、渠犂、龜茲、姑墨、溫宿、烏孫、大宛，西域南道諸國如樓蘭（鄯善）、且末、小宛、精絕、扜彌、渠勒、于闐、皮山、莎車、蒲梨、疏勒，都有與漢朝往來的記載。而不屬西域都護的國家如中亞的康居、大月氏，西亞的烏弋山離，南亞的罽賓，以及史籍未載的祭越、折垣等國，也屢次

派遣使者到中原出使貢獻。敦煌設有傳置機構，為西域來漢的國王、貴人、使者提供飲食傳車住宿，懸泉置出土漢簡對此有忠實記錄。

如地處中亞的大宛，經李廣利征伐之後一直與漢朝保持着密切往來。懸泉漢簡記載，漢昭帝元平元年（前 74），朝廷派出使者到敦煌郡迎接來自大宛的天馬，可見自漢武帝時李廣利征伐大宛約訂的歲獻天馬二匹的政策，在昭帝時仍在忠實執行。還有漢簡反映出漢成帝時，大宛使者經敦煌到中原貢獻。位於今哈薩克斯坦南部的康居，雖不屬都護管轄，但一直與漢朝保持着密切往來。漢武帝時司馬相如就在《喻巴蜀檄》中說：「康居西域，重譯納貢，稽首來享。」懸泉漢簡記載漢宣帝甘露二年（前 52）康居王派使者貴人奉獻畜物，經敦煌玉門關檢驗通行。有史書記載漢成帝時「康居遣子侍漢貢獻」，懸泉漢簡正有漢成帝陽朔四年（前 21）朝廷派人送康居王侍子返回時的傳書，印證了史書記載。居於今阿姆河上游的大月氏，是張騫初次出使擬聯合共禦匈奴的國家。雖然大月氏已據有大夏之地而不願東歸，「殊無報胡之心」，但懸泉漢簡卻反映出大月氏使者多次到達漢地「奉獻言事」，敦煌各縣置提供食宿予以接待。簡文記載的大月氏雙靡翖侯、休密翖侯派遣使者到達漢地，更是反映了大月氏據有大夏地之後鬆散的統治。五翖侯可以自主和漢朝交往，是大夏王朝政治形態的重要反映。位於西亞的烏弋山離，懸泉漢簡記載了敦煌傳置為其使者提供傳車的情況（圖 7）。位於今克什米爾地區的罽賓，懸泉漢簡記載了傳置機構出錢沽酒接待其使者的情況。因此無論是中亞、西亞、南亞國家，都有與漢朝交往的記載。從簡牘文書來看，這種東西方之間的使團交往頗為頻繁，規模不一，大的使團有數百人，一般的也有數十人，是漢代中西文明交流的主要形式。

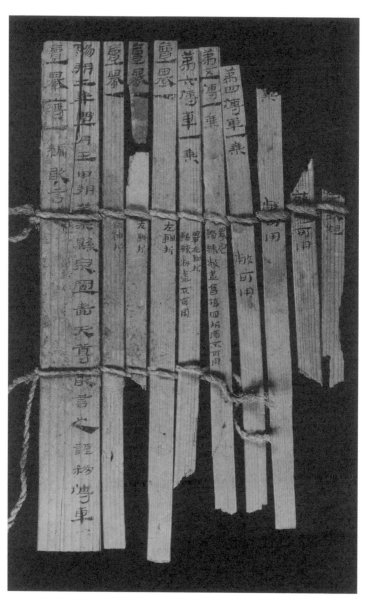

圖 7　敦煌懸泉置傳車簿

伴隨着西域使團的到來，貢賜及商業貿易有力地促進了中西文化的交流。西域商賈常常以奉獻為名獲取漢朝的賞賜，所謂「欲通貨市買，以獻為名」。懸泉漢簡記載了當時貢賜貿易的發達。如烏孫、大宛、康居、莎車、鄯善等國的貴人使者皆曾向漢朝遣使奉獻，漢朝依據獻物價值賜予錢財。漢代貢賜貿易的代表性文物是懸泉置發現的「康居王使者冊」（圖8）。該冊書由七枚漢簡組成，記載了漢元帝永光五年（前39）康居王使者到酒泉貢獻駱駝，使者自言他們數次奉獻，進入敦煌後都會受到當地郡縣的飲食接待，地方官吏與使者共同評定所獻駱駝的肥瘦價值。但是這一次卻遭遇不公，奉獻使者不但得不到飲食，地方官員獨自評價貢物，將使者進獻的白駱駝說成了黃駱駝，肥駱駝說成了瘦駱駝，為此而上書朝廷。朝廷下文到敦煌郡，要求調查當地接待康居使者的情況。這件文書生動地反映出中亞使者到達漢地貢獻的真實狀況。使者爭辯的駱駝黃白肥瘦，正是當時貢賜貿易的典型體現。而從其他簡冊也可以看出，西域使者經常以駱駝、馬、牛、驢等畜類奉獻。漢朝對西域奉獻高度重視，自奉獻者進入敦煌，沿途傳置機構要提供飲食住宿。使者所奉獻畜物，漢朝要派遣吏員估定價格，賜予錢財。為了保障奉獻者安全，漢朝還要派遣吏員護送奉獻者東來西往。究其原因，貢賜貿易在政治上表明西域諸國歸順於漢，經濟上促進了東西方之間的商貿交流，文化上促進了異域新風的廣泛傳播。正是在漢朝的大力支持下，漢代絲綢之路才形成了「馳命走驛不絕於時月，商胡販客日款於塞下」的繁盛場景。

　　除了西域使者奉獻的畜物外，由西域傳入的種植物也受到漢地的歡迎，最有代表性的是苜蓿的傳入。苜蓿原是大宛、罽賓等地的種植物，史書稱大宛「馬嗜苜蓿」。隨着大宛天馬入漢，苜蓿也引入漢地，在長安

圖 8　康居王使者冊

離宮別館旁皆有種植。從敦煌漢簡可以看出，西漢中後期苜蓿在敦煌已有廣泛種植，如在懸泉置前就種植有四十畝苜蓿。苜蓿與葵一樣，是當地廣泛使用的飼養馬牛的草料。為了保障驛置畜類飼草供應，敦煌郡所屬縣置大量收納儲備苜蓿，成百上千石的苜蓿被集中儲積。西域傳來的物種改善了漢地民眾的生活，是絲綢之路東西文明交流的價值體現。

敦煌漢簡記載的漢代絲綢之路上東西文明交流的盛況，與敦煌所處地理位置有密切關係。史書言西域地區「東則接漢，扼以玉門、陽關」，敦煌兩關正是通往西域的必經之路。中原使者在此休整準備而踏上西行征途，西域貴人使團到此而得到食宿接待，東西文化在此交流融匯，漢代的敦煌，已經成了絲綢之路上的「華戎所交一都會」。

（作者係國家社科基金項目「秦漢簡帛書信校釋與研究」負責人，蘭州城市學院教授）

寫本文獻：中華文明傳承的重要載體

張湧泉

　　20 世紀初，敦煌莫高窟藏經洞的發現震動世界，大批不同於後世刻本的古寫本文獻吸引了全世界的目光。自那以後，吐魯番文書、黑水城文獻、宋元以來契約文書、明清檔案等寫本文獻陸續公之於世，寫本文獻重新回到了世人的視域之中，並與刻本文獻比肩而立，互相補充，共同組成了中華民族寶貴文化遺產的兩翼。

　　何謂寫本文獻？寫本文獻主要有哪些重大發現？它在中華文明的傳承中又發揮了怎樣的作用？讓我們一起走進寫本文獻的世界。

　　寫本文獻是指用軟筆或硬筆書寫在紙張上的古籍或文字資料。在宋代版刻流行以前，中華文明的傳承曾長期依賴於寫本文獻；宋代以後，寫本文獻仍在一定程度上發揮作用。近一個多世紀以來，隨着以敦煌文獻為代表的寫本文獻的大量發現和刊佈，寫本文獻越來越被人們所關注；與之相適應，一門嶄新的學問——寫本文獻學——也正在孕育和催生之中。

古代文獻傳承載體的演進

依據記錄文字的方法及載體的進化，我國古代文獻的傳承大體可分為銘刻、寫本、印本三個大類。銘刻是指用刀鑿或硬筆在甲骨、銅器、陶器、碑石上刻寫，傳世的文字資料包括甲骨文、金文、陶文及石刻文字等；寫本是指用毛筆或硬筆蘸墨或硃砂在竹、木、帛、紙等材料上抄寫的文獻，按其載體不同，又可分為簡帛和紙本兩類，前者學術界習慣稱之為簡牘帛書，而把寫本文獻歸屬於紙寫本文獻；印本是指採用雕版印刷或活字印刷的文獻。其中寫本文獻承前啟後，在中華文明的傳承中起着極為重要的作用。

商周前後，銘刻是古代文明書面傳播的主要方式。但由於用作銘刻的材料或珍貴難得，或笨重不便，加之契刻費時，所以文字使用的範圍非常有限。如甲骨文主要是商王朝的占卜記錄，金文主要是作器者的族名、先人名號及史官的記事文字，陶文主要是工匠名號或題記，石刻文字主要是紀念性碑銘（東漢晚期起才有所謂石經）。這些文字資料的主要目的不在於流通、閱讀，並非真正的書籍，所以銘刻還不能作為我國古代書籍流傳的一個階段。

春秋以後，竹簡、木牘、縑帛逐漸取代銘刻成為書寫材料的主體，寫作方式也從契刻變為手寫，毛筆成為主要的書寫工具，書寫較以前大為便利，文字使用的範圍有所擴大，從而產生了真正意義的書籍。但「縑貴而簡重」，仍不便於普及使用。大約西漢時期，我們的祖先發明了造紙技術。東漢和帝永元、元興年間（89—105），蔡倫又對造紙術加以改進，「用樹膚、麻頭及敝布、魚網以為紙」，由於紙張薄軟輕靈的特質，便於書寫、攜帶和保存，而且原料易得、價格低廉，於是「莫不從用焉」[1]。

魏晉時期，紙書漸多，但官府公牘仍以簡冊為主。東晉安帝元興元年（402），權臣桓玄下令「古無紙，故用簡，非主於敬也。今諸用簡者，皆以黃紙代之」[2]。從此紙張取代其他文字載體，成為主要的書寫材料。於是書籍的流傳從簡帛時期邁向紙寫本時期。

紙墨的普及，促進了浮雕印章和石碑拓印的流行，也為雕版印刷術的誕生奠定了基礎。敦煌文獻中保存的唐咸通九年（868）的《金剛經》刻本（S.P2 號）是現存最早的有明確紀年的印刷品（圖 1）。雕刻版面需要大量的人工和材料，但雕版完成後一經開印，就顯示出效率高、印刷量大的優越性，所以印刷術的發明對書籍傳播而言是一場革命。但早期的印刷品主要用於雕刻曆書、醫書、韻書、佛經等實用圖書。五代時期後唐宰相馮道受命印製「九經」，開大規範印刷儒家經典的先河。宋代以後，印本進一步取代寫本成為古代文獻傳佈的主流，書籍的裝幀也從卷軸變為冊葉，並一直延續到今天。

圖 1　S.P2 號唐咸通九年（868）的《金剛經》刻本
（局部，英國國家圖書館藏）

寫本文獻大觀

如上所說，從東漢到五代，繼簡帛之後，寫本文獻流行了 1000 多年，是這一時期中華文明傳承的主要載體。但由於宋代以後印本流行，寫本古書風光不再；而且隨着時間的推移，一些早期的古寫本也日漸湮沒無聞。正如池田溫先生所說：「相對於寫本，刊本的優勢地位是決定性的。因此進入印刷時代後，寫本書籍幾乎全被廢棄了。」(3) 清末以來，國內外的科學家和探險者曾先後在甘肅、新疆、陝西一帶發現了一些早期的寫本文獻，包括西漢文、景時期（前 179 — 前 142）的古地圖，晉代的《戰國策》《三國志》寫本，等等 (4)，但數量都很有限。1900 年 6 月 22 日，敦煌藏經洞被打開，人們從中發現了大批唐代前後的寫本文獻，震動了整個世界。民國以後，又有吐魯番文書、黑水城文獻、宋元以來契約文書、明清檔案等眾多寫本文獻陸續公之於世，輝耀世界，寫本文獻的數量一下充盈起來，寫本文獻才又重新回到世人的視域之中。於是，寫本文獻開始和刻本文獻比肩而立，共同組成了中華民族寶貴文化遺產的兩翼，互相補充。下面我們擬按主體抄寫時間的先後，把最為重要的寫本文獻資料做一番梳理。

（一）吐魯番文書

吐魯番文書指 19 世紀末以來在新疆吐魯番地區晉唐古墓葬羣中所發現的寫本文獻，分藏於中、德、英、俄、日、美等國的公私藏書機構，總數達 50000 號左右，但現已刊佈的僅一萬多件。吐魯番文書的抄寫時代主要為晉、前涼、北涼、高昌及唐西州時期，文書內容包括官府函件、簿籍、契約、案卷、衣物疏、墓誌、四部古籍、佛經等，多姿多

彩，數量龐大，是魏晉六朝紙本文獻的主要實物遺存。其中西晉元康六年（296）的《諸佛要集經》殘片（圖 2），是我國現存最早的有明確紀年的紙本文獻。

（二）敦煌文獻

敦煌文獻主要指敦煌莫高窟藏經洞發現的唐代前後的手寫本和少數刻本文獻，現主要收藏在英國國家圖書館（總數 17000 餘號）、法國國家圖書館（總數 7000 餘號）、俄羅斯科學院東方文獻研究所（總數 19870號）、中國國家圖書館（總數 16579 號）及日本、印度、德國、美國等國家，總數約 70000 號（其中少部分為非漢文文獻）。敦煌文獻的抄寫時代

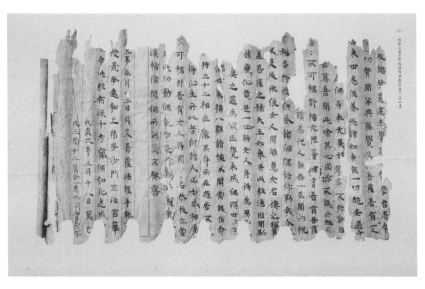

圖 2　西晉元康六年（296）《諸佛要集經》殘片

上起魏晉六朝，下迄宋初，前後跨越 600 多年，而以唐五代為主體，前承吐魯番文書，後接宋元以後刻本及寫本文獻，是唐五代紙本文獻的主要實物遺存。敦煌文獻的內容幾乎牽涉到中國古代的所有學科，是當時社會的百科全書。

（三）黑水城文獻

黑水城文獻是指在內蒙古額濟納旗黑水城遺址發現的紙質寫本、刻本文獻，總數達 20000 號左右，主要收藏於俄羅斯科學院東方文獻研究所（圖 3）、英國國家圖書館和我國內蒙古自治區文物考古研究所、甘肅省博物館等單位。黑水城文獻前承敦煌文獻，其抄寫、刻印年代為北宋、遼、金、西夏、元、北元時期，以西夏文和漢文文獻為主，內容涉

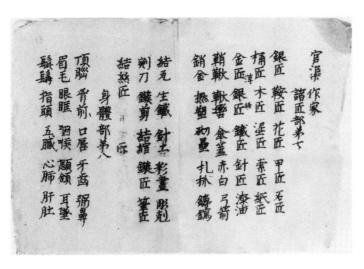

圖 3　俄敦 2822 號黑水城寫本《雜集時用要字》

及傳統四部書、佛經、道經以及契約文書、官方檔案等，是研究中國五代、遼、宋、金、元時期特別是西夏王朝的珍貴資料。

（四）宋元以來契約文書

宋元以來契約文書是指近一個世紀以來陸續發現的宋至民國時期的以手寫為主的地方契約文書（圖4，圖5），包括土地文書、賦役文書、商業文書、社會文書、人身買賣與主僕關係文書、訴訟文書、教育文書及民俗文書等，是了解當時當地賦役、財產、婚姻、家庭、身份等社會經濟情況的最寶貴的第一手資料。這些文書大量散佈於民間，僅有一小部分被各地的圖書館、博物館與研究機構徵集收藏。其中數量最多的是徽州契約文書，總數在 100 萬件以上。敦煌文獻的抄寫時代最晚至北宋

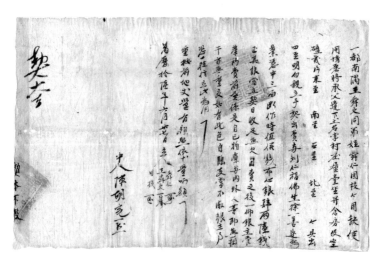

圖4　明萬曆十六年（1588）六月廿七日遂昌縣一都王舜文等賣房屋契（浙江師範大學中國契約文書博物館藏）

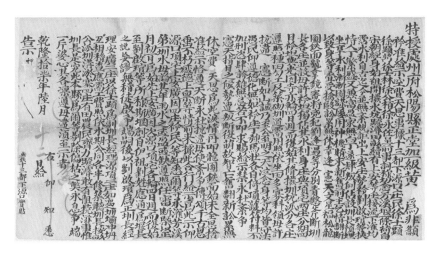

圖 5　清乾隆十七年（1752）六月十二日松陽縣正堂黃槐為十三都下源口等四莊派定水期任命圳長事告示（浙江師範大學中國契約文書博物館藏）

初年，而宋元以來地方契約文書的抄寫時代為宋、元、明、清、民國時期，二者時間先後相承，內容互補，反映了唐五代至民國以來寫本文獻的完整序列。

（五）明清檔案

明清檔案是指明清宮廷和各級政府部門的檔案，包括內閣大庫檔案、軍機處檔案、內務府檔案、宗人府檔案、國史館檔案、清宮中各處檔案、清各部院衙門檔案及各地方衙門檔案等（圖6，圖7）。宋元以來契約文書主要屬於私文書，明清檔案則屬於官文書，二者在內容上正好可以互補。據調查，現存的明清檔案約有 2000 萬件之巨，僅中國第一歷史檔案館就有 1000 萬件，包括皇帝的詔令、臣下的奏章、各衙署來往

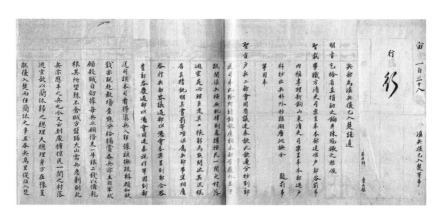

圖6　崇禎十年（1637）五月初五日兵部諮戶部解決滇兵入楚糧餉行稿（局部）（中國國家博物館編《中國國家博物館館藏文物研究叢書·明代檔案卷》，上海古籍出版社，2006，第107頁）

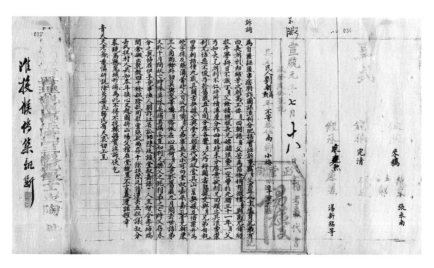

圖7　宣統元年（1909）七月十八日劉朝高等為控劉紹芳自匿誣匿串痞朋詐事呈狀（包偉民主編《龍泉司法檔案選編》第一輯上冊，中華書局，2012年，第166頁）

的文移、各衙署的公務記載及彙編存查的檔冊等，涉及政治、經濟、軍事、文教、刑名、外交、民族、宗教、農業、商貿、交通、天文氣象以及宮廷生活、皇族事務等，不僅是研究明清歷史的可靠的原始史料，而且它的形式、文字、裝潢等都具有一定的觀賞性和收藏價值，具有文獻和文物的雙重特性。

除了上述大宗的寫本文獻外，國內外公私藏書機構還收藏有不少宋元以來的通俗小說、戲曲寫本，也應該納入寫本文獻研究的序列。

此外，宋代以來留存著作的稿本、信札、日記，漢字文化圈內日本、韓國、越南等國保存的大量唐代以來的漢文寫本文獻，也都屬於寫本文獻的範圍。宋以來名人信札、日記寫本數量也不少。「漢字文化圈」的發軔可上溯至簡帛時期，但其形成則主要是在紙本書寫階段。中華典籍通過抄寫、傳習等不同方式傳播到異域，並成為周邊國家文化記憶的共同組成部分。日本、韓國、越南等國保存的眾多六朝以來紙質漢文寫本文獻，便是上述歷史進程的最好見證。值得注意的是，這種以寫本文獻為傳播媒介的文化交流並非單向的。早在北宋元祐六年（1091），宋朝政府就通過使節向高麗訪求圖書 128 種，稱：「雖有卷第不足者，亦須傳寫附來。」其中不乏諸如南齊《文苑》一百卷、唐代《文館詞林》一千卷這樣卷帙浩繁的佚著[5]。中土缺佚的《說苑》卷二十《反質》篇便是通過此種途徑從高麗訪求到的珍貴文獻[6]（今人在敦煌遺書中發現有時代更早的《說苑・反質》唐寫本，不僅證實了高麗傳本的文獻價值，也可對其做進一步校正[7]）。有趣的是，與此同時，北宋官方頒贈給周邊國家的書籍已經轉變為以《開寶藏》、監本經疏等為代表的印本。

至於宋元以來一些據刻本影寫或傳抄的古書，版本學中稱為抄本，

如汲古閣毛氏影宋抄本、《永樂大典》、《四庫全書》等，雖然也屬寫本文獻，但不少方面沿襲了刻本書的特點，因而在很大程度上失去了寫本的風貌，故此不詳細介紹。

寫本文獻的特點

根據以上論列，寫本文獻數量浩博，即便用汗牛充棟來形容也不為過。這些文獻無論內容還是形制方面都具有殊異於刻本的特色。

這一節我們就打算通過與簡帛、印本文獻的比較，談談寫本文獻的特點。

（一）內容方面

寫本文獻與簡帛同屬寫本，都用毛筆書寫，但「縑貴而簡重，並不便於人」（《後漢書・蔡倫傳》），使用者和記錄的內容不能不受到局限，所以與簡帛相關的文獻主要是宗教文獻和實用文書，如儒道、刑名、兵書、方術、簿籍以及遣冊之屬。簡帛變為紙張，後者價廉易得，使用的範圍大大擴大，人人都可以一試身手，所以寫本文獻更為大眾化，涉及的內容更為廣泛，甚至可以說無所不包。

與印本相比，寫本更多的是個人行為，以個人使用為最大訴求，抄寫的內容往往帶有個人色彩，更多地反映了普通百姓的生活面貌，包括大量的實用圖書和私人文書，如往來的書信、收支的賬單、借貸的契約、官司的案卷、社邑的通知等等，是我們研究當時各階層社會文化生活最寶貴的第一手資料；所抄文字大多沒有經過加工改造，是原生態的，屬於非定本；抄寫格式千人千面，沒有定式，即便是傳抄古書，人們在

傳抄過程中，也可以根據當時抄書的慣例和抄手自己的理解加以改造，從而使古書的內容、用詞、用字、抄寫格式等都會或多或少發生一些變化，帶上時代和抄者個人的烙印。而印本大抵以社會上層人士為中心，有較為濃烈的官方色彩，印什麼不印什麼是根據市場或政治需要確定的，是商業行為甚至政治行為，所以流傳下來的往往是四部典籍及與政治、宗教有關的高文大典；刊印的內容往往是經過加工改造的，帶有定本性質；而且古書一經刊刻，隨即化身千百，既促進了書籍的普及，也使古書的內容、格式逐漸定型。

（二）形制方面

從簡帛、紙寫本到印本，形成了我國書籍的三大形態：簡冊制度、卷軸制度、冊葉制度。簡冊制度主要是對竹簡書籍而言。《論衡・量知》云：「截竹為筒，破以為牒；加筆墨之跡，乃成文字；大者為經，小者為傳記。斷木為槧，析之為板；力加刮削，乃成奏牘。」「牒」即竹簡之異稱，狹長的竹片稱「簡」稱「牒」，長方形的薄木片則稱「板（版）」稱「牘」。簡、牘的長度約五寸至二尺四寸不等（漢尺每尺23.1厘米），因其用途和重要性而異，一般長者用於抄寫「經」書等較為重要的典籍，短者用於抄寫「傳記」等次要之書，而以一尺左右最為常見。每簡一般抄一行；牘通常比簡寬，每牘可抄五至九行不等。竹簡通常用絲繩、麻繩等編連成冊，可以抄寫長篇的古書；到了一定篇幅，則捲束為一，於是稱為一卷。木牘則常常單用，所抄多為內容較短的文書。

帛書是從簡冊到紙寫本的過渡環節。《漢書・食貨志下》云：「布帛廣二尺二寸為幅，長四丈為匹。」馬王堆發現的漢墓帛書分別抄寫在寬

48 厘米和 24 厘米（半幅）的絲帛上，接近《漢書》布帛幅寬「二尺二寸」之數。至於帛的長度，則根據書寫內容的長短裁截而成，所以長短並不固定。帛書一定篇幅後也需要摺疊或捲束，但帛書質軟，捲束時需要在中間置軸，這是卷軸式古書的開端。《漢書・藝文志》所載書目常稱多少卷，這個卷正是得名於竹簡或帛書的收捲。

　　紙張取代簡帛，卷軸式得到了進一步的發展，並成為寫本文獻的主要裝幀樣式。寫本用紙以張為單位，每紙的規格依傍於帛書的幅（敦煌寫經用紙以 26×48 厘米最為常見，官府文書用紙則一般為 30×45 厘米），並且模仿簡冊上下畫欄線（代替簡冊的編繩），行與行之間畫界線（即下引程大昌所稱的「邊準」，一行相當於一簡）。每紙行數字數因時因內容而異。宋程大昌《演繁露》卷七「唐人行卷」條引《李義山集新書序》云：「治紙工率一幅以墨為邊準，用十六行式；率一行不過十一字。」[8] 又宋趙彥衛《雲麓漫鈔》卷三云：「釋氏寫經，一行以十七字為準。國朝試童行誦經，計其紙數，以十七字為行，二十五行為一紙。」[9] 就敦煌寫本而言，標準的佛經寫本是一紙 28 行，行 17 字（也有行 34 字的細字寫經）；儒家和道教文獻每紙 20 至 31 行不等，正文一行寫 12 至 16 字，注文則用小字雙行。單頁的紙抄好後，仿照簡冊之制按順序把內容相關的若干張紙黏連為一，卷首加裝護首和天杆（帶絲帶的細竹木條），卷尾加裝滾軸，然後如帛書般捲起，就是所謂的卷軸式。敦煌寫本之所以亦稱為寫卷，實即淵源於此。不過由於紙張來源、抄寫內容及抄手個人習慣等因素的影響，不同類型不同時期寫本的形制並無絕對明確的定式。

　　雕版印刷術發明以後，書籍形制逐漸由卷軸向冊葉過渡。晚唐五代的敦煌佛經寫本，出現了梵夾裝、經折裝、黏葉裝、縫繢裝等裝幀形式[10]。這些以摺疊為特點的裝幀式樣，為冊葉制的形成奠定了基

礎。五代宋初以後，人們把印好的一張張的散葉用蝴蝶裝、包背裝、線裝等形式直接裝訂在一起，於是書籍的裝幀就逐漸由卷子變為冊葉，並一直延續到今天。

（三）校讀符號

印本刻好板以後，如有校改，必須挖去錯字，補上正確的板片；印好以後，白紙黑字，則無法校改。所以印本書籍一般沒有刻者本身添加的校讀符號。簡帛寫本和紙寫本均用毛筆書寫，如有需要，抄寫者和傳閱者都可以直接在上面加以修改或施加校讀符號。《漢書·禮樂志》載劉向對漢成帝語：「今之刑，非皋陶之法也，而有司請定法，削則削，筆則筆，救時務也。」唐顏師古註：「削者，謂有所刪去，以刀削簡牘也；筆者，謂有所增益，以筆就而書之。」這種簡冊有誤而用刀削去另寫的情況當然不可能在帛書和紙寫本中出現，但直接在上面增字補字的辦法卻是簡帛寫本和紙寫本共通的。紙寫本還有許多校讀符號也是源出於簡帛寫本，如敦煌寫本或以一橫畫作界隔符，而長沙仰天湖戰國竹簡、包山楚簡有同樣作用的符號；敦煌寫本在篇名或段落之上標註「△」「○」「.」形符號，而敦煌漢簡、武威漢簡同樣的場合或作「▲」「●」；敦煌寫本字、詞、句疊用，重出者或作「＝」形符號省代，居延漢簡、阜陽漢簡有同樣作用的符號，等等，皆前後相承。

也有的校讀符號紙寫本與簡牘帛書不同，或者各自所獨有。如居延漢簡、望山楚簡表示句讀或作「∟」「－」形符號，而敦煌寫本中則作「○」「·」「、」形符號；居延漢簡、蕭家草場漢簡分別用「卩」「阝」「⊕」形符號表示對上文所記事物的確認，而同樣的符號為寫本文獻所未見；又如敦煌寫本或用「√」或「乙」形符號勾乙顛倒錯亂的文字，

而同樣的符號為簡帛文獻所未見；又如敦煌寫本或用「氵」或「卜」「卡」形符號表示刪除衍文，而同樣的符號為簡帛文獻所未見，如此等等，紙寫本與簡牘帛書的符號系統同中有異，各有特點。

寫本文獻在中華文明傳承中的地位

1925 年 7 月，王國維在清華暑期學校作題為《最近二三十年中中國新發見之學問》的演講，說最近二三十年古器物圖籍有四大發現：自漢以來，中國學問上之最大發現有三：一為孔子壁中書；二為汲塚書；三則今之殷虛甲骨文字，敦煌塞上及西域各處之漢晉木簡，敦煌千佛洞之六朝及唐人寫本書卷，內閣大庫之元明以來書籍、檔冊。此四者之一，已足當孔壁、汲塚所出。[11] 王國維所講的後四大發現，寫本文獻佔了半壁江山。從數量上來說，寫本文獻也不遑多讓，根據上文的粗略統計，吐魯番文書、敦煌文獻、黑水城文獻總數分別達 5 萬、7 萬、2 萬號左右；宋元以來契約文書的總數尚無法預估，但其中僅徽州契約文書總數就在 100 萬件以上；明清檔案更是多達 2000 萬件，數量之豐，方面之廣，內容之富，令人驚歎。這些寫本文獻，分門別類而言，學術界已做過或多或少的研究（其中吐魯番文書、敦煌文獻的關注度最高，成果也最為豐富），但它們作為寫本文獻的整體而言，則尚未引起學術界足夠的重視。下面我們打算以敦煌寫本為中心，就寫本文獻在中華文明傳承中的地位，試作闡述。

（一）寫本文獻是古代文獻傳承中的重要一環

我國傳世的古書，主要是以宋以後刻本的面貌呈現的。所以以前人

們談論古籍，主要依靠刻本，而尤以宋版元版為珍貴。然而刻本以前的情況如何？則往往不甚了然。其實唐代以前的古籍流傳到今天，必然要經過宋代以前一次又一次手抄相傳的過程，寫本文獻是古代文獻傳承中極為重要的一環。這些寫本古籍因其去古不遠（至少比宋以後刻本更接近古人著作的時代），未經後人校改竄亂，更多地保存着古書的原貌，是古書整理校勘的第一手資料。正如池田溫先生所說：「流傳至今的書籍，與經過了千年以上流傳至今的寫本相比，從卷數或篇目以致一些文字都有一些不同，一般認為古代寫本更接近原樣。即使與後世印本幾乎沒有差異的寫本，它的存在本身也可以證明承傳之印本的正確程度，所以意義也很大。」[12]

裘錫圭先生也說：

> 印刷術的興起一方面減少了古書失傳的可能性，另一方面卻增加了比較劇烈地改變古書面貌的危險性。刊刻的古書由於所據底本不善，或是刊刻者出於牟利的目的草率從事，往往有許多錯誤，一些不是很受重視的古書甚至往往有刪節之處，而刻本的出現又常常導致各種抄本失傳，以致好的本子反而被壞的本子淘汰。[13]

以前由於傳世的寫本太少，古書傳寫的情況不明。現在隨着大批寫本古籍的出現，使我們對寫本階段的情況有了較多的了解；原先的許多疑難，也因寫本的發現而得以解決。居今日而談古籍整理，必須留意古代文獻傳承中寫本文獻這一原本缺失的環節，必須對敦煌吐魯番等文獻中保存的古寫本給予足夠的重視。

比如《老子》的成書一直是學者們關注的重點。上個世紀先後發現了馬王堆漢墓帛書甲、乙本，郭店楚簡本，這些古本《老子》與今本差別很大。如今本前為《道經》，後為《德經》，全書分八十一章，但帛書本則《德經》在前，《道經》在後，基本不分章，所以論者或以為從帛書本到今本之間似乎存在「文本遞嬗變化上的斷裂」，「其間當有一段文本演變的歷程需要走過」[14]。而敦煌文獻中有《老子》寫本凡 91 號（其中白文本 58 號，注疏本 33 號，可綴合為 61 件），大多按《道經》《德經》的順序分篇，並以空格或另段提行書寫的形式區分章節，已具備今傳通行本八十一章的分章體系，只是未標明章名章次[15]。通過敦煌寫本，古本《老子》和今本《老子》之間就架起了一座橋樑，原來「斷裂」的一環便失而復得了。

（二）寫本文獻保存了大批世無傳本的佚典

寫本文獻中既有傳世古籍較早的抄本，也有大批世無傳本的佚典。不少以往僅在書目或傳說中有記載的古書我們在寫本文獻中找到了傳本。如西晉道士王浮撰《老子化胡經》，是反映當時道教與佛教鬥爭的重要資料，唐高宗、唐中宗都曾下令禁止，後又列元世祖下令焚毀的《道藏》偽經之首，從此亡佚，而敦煌文獻中卻有該書的 6 個寫卷，我們可藉以窺知原書的基本面貌。

又如晚唐韋莊《秦婦吟》詩（圖 8），為現存唐詩第一巨製，借一個少婦之口，描繪了黃巢農民起義驚心動魄的歷史畫面，結構恢宏，描寫生動，是當時家喻戶曉、風靡一時的名篇，韋莊也因此被稱為「《秦婦吟》秀才」，但不久以後該詩卻突然失傳了；值得慶幸的是，人們在敦煌文獻中發現了九個《秦婦吟》寫本，其中唐天復五年（905）敦煌金光明

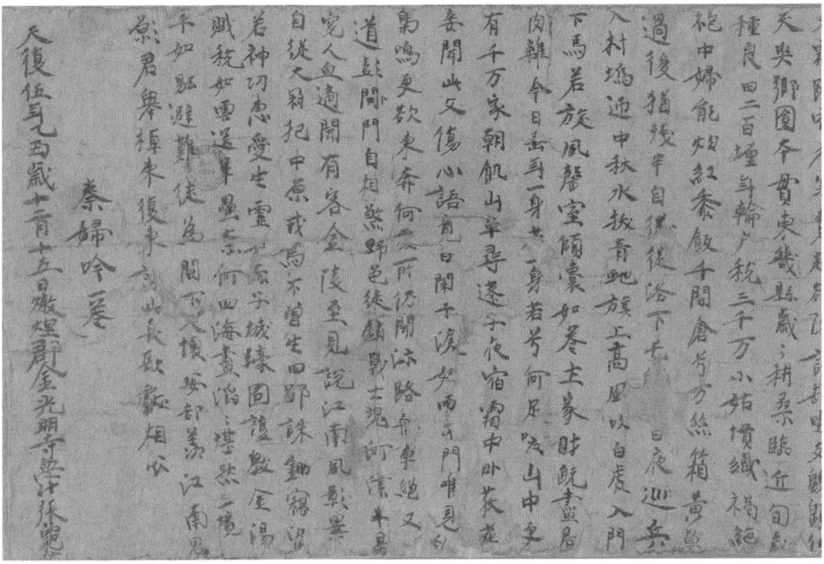

圖 8　伯 3381 號唐天復五年（905）《秦婦吟》寫卷

寺學仕郎張龜寫本，距韋莊創作此詩的中和癸卯（883）僅隔 22 年。

又如《佛說孝順子修行成佛經》，隋《眾經目錄》判定為「偽經」，歷代經錄因之，故未被歷代大藏經收載，世無傳本，而俄敦 2142 ＋俄敦 3815 號、北敦 4264 號（北 8300；玉 64）為該經殘卷，三號拼接，雖前部略有殘缺，而後面大半可得其全。

此外如歷代藏經中沒有收錄的佛教佚典《佛說父母恩重經》，最早的詞集《雲謠集》，失傳已久的古代講唱文學作品「變文」，白話詩集《王梵志詩集》，中國古代保存至今的最早的一部女詩人詩歌選集《瑤池新詠集》，中國現存的第一部完整的字樣學著作《正名要錄》，世界上現存年代最早、星數最多的《星圖》，等等，都在敦煌寫本文獻中得到了保存，

一線孤懸，殊可寶貴。

（三）寫本文獻在很大程度上改寫了中國的學術史

20 世紀初葉以來，大量寫本文獻的發現，對中國學術文化研究的影響是空前的，中國古代的學術史不得不因之而重新改寫。早在上個世紀20 年代，胡適在談到敦煌的俗文學時曾經這樣說過：「在敦煌的書洞裏，有許多唐、五代、北宋的俗文學作品。從那些僧寺的『五更轉』『十二時』，我們可以知道『填詞』的來源。從那些『季布』『秋胡』的故事，我們可以知道小說的來源；從那些『《維摩詰》唱文』，我們可以知道彈詞的來源。」[16] 稍晚一些，鄭振鐸在談到敦煌變文寫本的學術價值時說：

在敦煌所發現的許多重要的中國文書裏，最重要的要算是「變文」了。在「變文」沒有發現以前，我們簡直不知道：「平話」怎麼會突然在宋代產生出來？「諸宮調」的來歷是怎樣的？盛行於明、清二代的寶卷、彈詞及鼓詞，到底是近代的產物呢？還是古已有之的？許多文學史上的重要問題，都成為疑案而難於有確定的回答。但自從三十年前斯坦因把敦煌寶庫打開了而發現了變文的一種文體之後，一切的疑問，我們才漸漸的可以得到解決了。我們才在古代文學與近代文學之間得到了一個連鎖。我們才知道宋元話本和六朝小說及唐代傳奇之間並沒有什麼因果關係。我們才明白許多千餘年來支配着民間思想的寶卷、鼓詞、彈詞一類的讀物，其來歷原是這樣的。這個發現使我們對於中國文學史的探討，面目為之一新。這關係是異常的重大。……「變文」的發現，卻不僅是發現了許多偉大的名著，

同時，也替近代文學史解決了許多難以解決的問題。這便是近十餘年來，我們為什麼那樣的重視「變文」的發現的原因。[17]

胡適、鄭振鐸當年所見僅僅是敦煌寫本的一小部分，他們牽涉到的也僅僅是其中的「變文」「五更轉」「十二時」等俗文學寫本一類，然而對文學史的研究，這小小的一部分影響就有如此之大，那麼，所有敦煌寫本乃至其他寫本文獻的學術價值之巨，恐怕我們無論如何估計都不會過分。

（四）寫本文獻推動了一批新學問的誕生

前引王國維《最近二三十年中中國新發見之學問》一文云：「有孔子壁中書出，而後有漢以來古文家之學；有趙宋古器出，而後有宋以來古器物、古文字之學。」王氏因而指出：「古來新學問起，大都由於新發見。」近一個多世紀以來寫本文獻的發現和刊佈，同樣催生了一批新的學問。諸如吐魯番學、敦煌學、徽學等等，都是在相關文獻資料發現的基礎上形成和發展起來的。又如寫本文獻是魏晉以來各種字體積存的大寶庫，是異體俗字的淵藪，為我們提供了豐富的近代漢字字形資料，有力地推動了俗文字學、近代漢字學等新學問的誕生。

又如吐魯番文書，敦煌文獻中的變文、曲子詞、王梵志詩以及願文、契約等社會經濟文書，宋元契約文書，大抵以當時當地的口語方言為主體，包含着大量的方俗語詞，是近代漢語語料的淵藪，為漢語的研究注入了新的活力，孕育並推動了近代漢語、俗語詞研究等一些新興學科的誕生和發展。

新發現催生新學問，寫本文獻相關新學問的誕生，再次驗證了王國維上述論斷的無比正確。

結 語

通過以上簡要的介紹，我們可以知道，從東漢以至民國，寫本文獻源遠流長，傳承有緒，無論是數量還是內容，都足以與刻本文獻相比肩，它們已經或將繼續改寫中國學術文化的歷史。寫本文獻在形制、內容、字詞、校讀符號等許多方面都有着與刻本文獻不同的特點，值得作為專門之學進行研究。但由於我國傳世的古書主要是宋代以後的刻本，有關古書的學問也多以刻本為中心生發展開。面對 20 世紀初葉以來突然冒出來的大批寫本文獻，人們在興奮忙亂之餘，還來不及對它們的風格、特點進行系統全面的研究，仍習慣於用刻本的特點去看待它們，因而整理和研究不免有所隔閡和誤解。所以了解和認清寫本文獻的寫本特點，掌握寫本文獻的書寫特例，便成了校理研究寫本文獻的最基礎一環，創建一門寫本文獻學（區別於以刻本為中心的版本學）也就成了當務之急。

2011 年 2 月，以裘錫圭先生為首席專家的國家新聞出版重大科技工程「中華字庫」工程正式啟動，筆者承擔了該工程的第 9 包「手寫紙本文獻用字的蒐集與整理」，我們當初為「手寫紙本文獻」下的定義是：

> 手寫紙本文獻主要是指吐魯番文書、敦煌文獻、黑水城文獻、宋元以來的契約文書、明清檔案等為代表的古代手抄的紙本文獻。書寫時間自魏晉以迄明清，承前啟後，屬於近代漢字發展與成熟時期。寫本文獻數量浩繁，內容廣博，抄手來自不同社會階層，能反映當時社會用字的整體面貌，是異體俗字積存的大寶庫。

這裏講的「手寫紙本文獻」相當於本文所說的寫本文獻，這樣的一個界定涵蓋了寫本文獻的核心部分，我們認為是比較穩妥的。而且這些文獻絕大部分近年來都已刊佈，從而為寫本文獻學的誕生做好了資料上的準備。筆者前幾年撰作的《敦煌寫本文獻學》[18]，可謂寫本文獻學理論體系建設的一個初步嘗試。由此而言，創建一門全新的寫本文獻學，不但有其必要，而且時機也確已成熟。讓我們一起為這門新學問的誕生添磚加瓦，存亡接續，讓中華文明傳承原本依託難明的一段重放異彩！

（作者係浙江大學文科資深教授）

注　釋

（1）《後漢書・蔡倫傳》，北京：中華書局，1965 年，第 2513 頁。下同。

（2）《太平御覽》卷六〇五，北京：中華書局，1985 年，第 2724 頁。

（3）［日］池田溫：《敦煌文書的世界》，張銘心、郝軼君譯，中華書局，2007年，第 189 頁。

（4）參看錢存訓《書於竹帛：中國古代的文字記錄》，上海：上海書店出版社，2006 年，第 106—108 頁。

（5）［朝鮮］鄭麟趾：《高麗史》卷一〇，明景泰二年朝鮮活字本，第 23—25 頁。參屈萬里《元祐六年宋朝向高麗求佚書的問題》，《屈萬里先生全集》第 17冊，台北：聯經出版事業公司，1985 年，第 1191—1203 頁。

（6）［宋］陸游：《渭南文集》卷二七《跋說苑》：「李德芻云：『館中《說苑》二十卷，而闕《反質》一卷，曾鞏乃分《修文》為上、下，以足二十卷。後高麗進一卷，遂足。』」

（7） 王利器：《敦煌唐寫本〈說苑·反質〉篇殘卷校記跋尾》，《當代學者自選文庫：王利器卷》，合肥：安徽教育出版社，1999 年，第 121—123 頁；趙萬里《唐寫本〈說苑·反質篇〉讀後記》，《趙萬里文集》第二卷，北京：國家圖書館出版社，2012 年，第 404—407 頁。

（8）《演繁露》，張元濟輯《續古逸叢書·子部》影印宋本，南京：江蘇古籍出版社，2001 年，第 621 頁。

（9）《雲麓漫鈔》，北京：中華書局，1996 年，第 49 頁。

（10）參看李際寧《佛經版本》，南京：江蘇古籍出版社，2002 年，第 34—40 頁。

（11）《王國維全集》卷十四，杭州：浙江教育出版社，2009 年，第 239 頁。

（12）《敦煌文書的世界》，第 190 頁。

（13）裘錫圭：《閱讀古籍要重視考古資料》，《裘錫圭學術文集》，上海：復旦大學出版社，2012 年，第 4 卷第 407 頁。

（14）丁四新：《郭店楚墓竹簡思想研究》，北京：東方出版社，2000 年，第 40 頁；又見《從簡、帛、通行本比較的角度論〈老子〉文本演變的觀念、過程和規律》，《玄圃畜艾—丁四新學術論文選集》，北京：中華書局，2009 年，第 98 頁。

（15）參看朱大星《敦煌本〈老子〉研究》，北京：中華書局，2007 年，第 31、336 頁。近年發現的西漢竹書本《老子》仍然《德經》在前，《道經》在後（原書以上經、下經名篇），同帛書本；但每章均另行，且章首有圓形墨點分章符號，可見敦煌本的分章淵源有自。參看韓巍《北京大學藏西漢竹書本〈老子〉的文獻學價值》，《中國哲學史》2010 年第 4 期，第 16—20 頁。

（16）胡適·《海外讀書雜記》《胡適文存二集》，上海·亞東圖書館，1930 年，第 537 頁。

（17）《中國俗文學史》，上海：商務印書館，1938 年，上冊第 180—181 頁。

（18）甘肅教育出版社 2013 年出版。

大力發掘傳世古文字資料的時代價值

李春桃

　　提到古文字，大家首先想到的就是甲骨文、金文、簡帛等地下出土的材料。事實上也存在傳世古文字資料，學術界一般稱之為傳抄古文。相對比較，由於傳抄古文訛變得十分嚴重，所以更難識別，往往被誤認成女書、水書、女真文字。

　　傳世古文字保存在哪些材料中？風格與出土古文字有何區別？其自身價值又如何？本文便試着討論以上問題，並從學習認知、科學研究、藝術創作、未來發展等多個角度來介紹傳世古文字材料。

　　秦始皇統一六國後書同文字，其他六國文字遂廢而不行，所以秦漢時期主要的通行文字是秦篆和隸書。除此之外，漢代還出現了一批以孔壁竹書為代表的古文經書，它們都以六國文字寫成，這些文字形體經過人們輾轉摹寫而得以流傳，並被保存至今，成為傳世古文字資料，學術界稱之為傳抄古文，或簡稱古文。按照形體的書寫形式劃分，古文可分為篆體古文和隸定古文。篆體古文即篆書形式的古文形體；而隸定古文是指用隸書或楷書的筆法來書寫篆體古文而產生的形體。前者主要保存在《說文》、三體石經、《汗簡》《集篆古文韻海》《訂正六書通》以及一

些碑刻材料中；後者則見於《玉篇》《廣韻》《集韻》《一切經音義》《龍龕手鏡》等字書中，部分先秦兩漢典籍的注疏中也存在一些隸定古文。《古文四聲韻》一書則既收錄大量的篆體古文，也包含一定量的隸定古文。

我們今天見到的古文字材料可以分為兩種：一種是地下出土的古文字資料，另一種是世代相傳保存至今的傳抄古文。這兩種材料各有其特點和價值。作為地上的古文字材料，傳抄古文歷經兩千餘年，綿延不絕，主要是經過歷代人們的摹寫、傳抄才得以保存下來。其自身特點從稱謂便可看出。「傳抄」是指經過不同時代不同人的輾轉摹寫，這樣就導致了文字形體訛變嚴重，不易辨識，這是就文字的保存方式而言。「古文」從狹義的角度講，特指戰國時期東方六國文字，是說傳世古文資料主要來自戰國時期秦國以外的其他國家，這是就文字性質而言。在 20 世

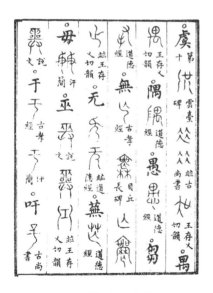

圖 1 《古文四聲韻》

圖 2 三體石經

紀以前，戰國文字研究進展緩慢，導致人們無法意識到傳抄古文的重要性，而新中國成立以來，隨着戰國文字資料的大量出土，尤其是近年來大批有字竹簡的相繼出現，很多出土文字與古文相合，古文的價值也因此突顯出來。事實上，古文對於學術研究、藝術創作都有着重要的意義。

古文材料與學術研究

傳抄古文的學術價值十分突出。對於出土文獻而言，古文的作用是簡明而直接的。王國維曾提出著名的「二重證據法」，即把考古發現的新材料與古籍記載相互結合以考證古史。而傳抄古文記錄的是古文字形體，正可以之與地下出土古文字資料相互印證，這對於識別出土古文字是行之有效的方法，學者利用古文考釋疑難古文字形體的例子屢見不鮮。李家浩先生考釋戰國竹簡中的「悼」字、吳振武先生考釋陳曼瑚中的「逐」字，他們使用的最重要的證據之一就是傳抄古文形體，這些觀點現在已被反覆證明是正確無誤的。古文形體的學術價值可見一斑。

傳抄古文也會促進傳世文獻研究。很多古文的出處便是傳世典籍，如三體石經古文出自《春秋》《尚書》，《汗簡》等書採錄的文獻達數十種。古文對於研究典籍中字詞訓詁、文字訛誤、通假現象等均有重要意義。古文資料對於歷史研究也頗具價值。很多以古文刻寫的碑銘本身便是難得的史料，如蔡氏古文墓誌、陝州東海碑、黃季春墓誌、范氏墓羣所出古文磚銘等材料，篇幅較長，記載了很多重要史實。

當然，傳抄古文的價值並非一直都被認可，恰恰相反，古文形體因屢經摹寫而發生訛變，以致早期學者往往忽略其價值，尤其是較晚出現的《汗簡》《古文四聲韻》，清代著名學者錢大昕談及二書時云「愚固未

敢深信也」，就連專門注疏《汗簡》的鄭珍也是以說明該書為「大抵好奇之輩影附詭託」為出發點。後來出土的古文字資料日益增多，這種情況得到改善，王國維最早提出「秦用籀文、六國用古文」的觀點，指出古文與戰國文字為「一家之眷屬」。其說可謂破疑除惑，發前人未發之覆。

近年來已經湧現出一批古文研究著述。石經古文方面，中國台灣學者丘德修先生《魏石經古文釋形考述》辨析考證石經古文形體；趙立偉先生《魏三體石經古文輯證》以表格形式將石經古文與古文字進行了比對。張富海先生《漢人所謂古文研究》討論了《說文》、石經古文形體，並納入了部分漢人注疏中的古文。《汗簡》《古文四聲韻》的價值在這時也突顯出來，學者開始重視二書。如黃錫全先生《汗簡註釋》，利用古文字材料考證《汗簡》字形；王丹先生《〈汗簡〉〈古文四聲韻〉新證》，吸收了近年出土簡帛資料，對此二書中部分形體進行了梳理。從特定角度研究古文的著述也陸續出現。徐在國先生《隸定古文疏證》對傳世字書中的隸定古文予以整理；徐剛先生《古文源流考》從文獻源流方面研究古文。徐在國先生《傳抄古文字編》是目前收錄古文形體較為詳備的字編類工具書。李春桃《古文異體關係整理與研究》收錄、整理了具有異體關係的古文資料。李春桃《傳抄古文綜合研究》則對古文的價值、版本、時代、國別、形體特點、考釋方法以及存在的問題進行了綜合性討論，以期建立一套古文研究的理論體系。學界還有很多研究古文的單篇文章，限於篇幅，此不贅述。

古文材料與藝術創作

除了作為研究資料外，傳抄古文也是重要的藝術創作素材。《尚書

正義》：「科斗書，古文也……形多頭粗尾細，狀腹團圓，似水蟲之科斗，故曰科斗也。」此說對古文筆劃特徵的描述是比較貼切的。從形體上看，古文筆劃頭粗尾細，形體圓潤婉轉，線條活潑流暢，十分適合書法創作。

據典籍記載，較早擅長書寫古文的是東漢末期的邯鄲淳、衞覬、張揖等人，更有學者懷疑三體石經便出自他們之手。唐代對書法極為重視，教學機構中曾專門設立古文課程。《新唐書‧選舉志上》說：「凡書學，石經三體限三歲，《說文》兩歲，《字林》一歲。」「石經三體」即三體石經。唐代較為著名的古文書家如瞿令問，其分別以古文、篆文、隸書書寫陽華巖銘；又專以古文書寫庎尊銘，元結讚其「藝兼篆籀」；瞿中溶謂之「篆學之精深，實於唐宋諸儒中卓然可稱者」。同時期的衞密、董咸等人對古文筆法亦有專攻，且技藝精湛。

宋代崇尚復古，伴隨着金石學的興起，古文資料也倍受重視。郭忠恕、夏竦不但輯錄古文成書，而且擅長篆寫，如前者所篆三體陰符經中便包括古文，此碑流傳至今，現存於西安碑林，屬稀見珍品。同一時期的夢英、陳恬、孟孝孫也皆有古文作品傳世。金代著名書家党懷英也擅長古文，現存的王安石古文詩刻便出自其手，《金史》本傳云「懷英能屬文，工篆籀」，所言不虛。金、元時期的古文往往見於道教、佛教、府學所刊立的碑石之上（多是額銘），這說明當時古文多用於與宗教、教育密切相關的莊重場所。明、清時期，古文碑刻材料也偶有出現，如黃道周所書其父黃季春墓誌、許穆所書陟州東海碑等，但數量上較宋、元時期明顯不及。

除了碑刻材料外，藝術作品中大宗的古文材料便屬印章了。古文入印現象較早從唐代開始，如流傳至今的「敦實」古文銅印據說便屬於唐

代。宋代之後，古文印章有所增多，不但存在傳世品，考古發掘中亦時有出現。如陝西旬陽縣宋代窖藏出有「為善最樂」古文銅印一方，此與毓慶宮舊藏一枚印章印文相同。金代也有古文印章發現，如道士閻德源墓出土一漆方盒，盒中裝有五枚牛角印章，其中四枚以古文刻寫。元明以後，尤其是清代，古文印章開始大量湧現。究其原因，一方面，元代前後的印章材質有所改變，石料逐漸成為治印主材，其不但便於操作，且極為易得。另一方面，文人自主意識逐漸覺醒，獵奇嗜古最能激發人的審美情趣，古文恰好符合這一需要。據我們查檢，這一時期見於各個印譜及書畫作品的古文印數量有數千枚之多。清代後期直至民國，古文印章開始衰落，數量逐漸減少。新中國成立以後古文入印現象則極為少見。

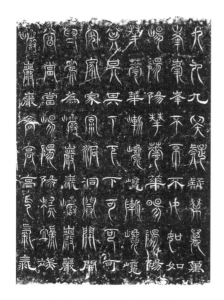

圖 3　陽華巖銘（局部）

圖 4　唐代宰相楊綰古文墓誌蓋銘

目前存在的問題

在眾多字體中，古文圓潤奇古，生動華美，不僅能體現出獨特的審美個性，還可彰顯作者的學養與水平，所以頗受文人青睞。同時也應注意到，古文屢經摹寫，以致形體古奧奇異，不易釋讀。所以今人在見到古文作品時，往往無法做到正確的識別、理解。如山東高唐縣出土的金代虞寅古文墓誌蓋銘，原整理者不識，誤將古文當成女真文字，後來胡平生先生《金代虞寅墓誌的「古文」蓋文》予以糾正；重慶酉陽曾發現兩本線裝古書，古書文字與現在通行的文字不同，形體怪異。有的學者懷疑其是苗族文字，有的則認為與女書、水書相關。

其實，這兩部書的文字只不過是用楷書筆法書寫的傳抄古文而已，屬於隸定古文；山東章丘市文祖鎮龍泉庵前存有一副古文石刻楹聯，學者不識，或誤認成道教文字，我們也曾予以糾正。

上面是就文字性質而論，從文字的釋讀層面來說，存在的錯誤就更多了。不但一般人容易致誤，就連專業學者有時也會誤釋。如魏閑墓誌蓋銘以古文篆寫，銘文云：「大宋故清逸處士君墓誌銘。」銘文中形，《北京圖書館藏中國歷代石刻拓本彙編》一書釋成「香」，並將此墓誌蓋命名成「香君墓誌蓋」。按，大概是因銘文與「香」字寫法近似，故有此釋。其實此說完全不可信，傳抄古文中「魏」字作，寫法與蓋銘相近，可隸定作「禾」。「禾」從山，禾聲；而「魏」從委得聲，「委」從禾得聲。所以「禾」、「魏」基本聲符相同，音近可通。此墓誌現藏於山西省平陸縣文化館，再結合墓誌全文來看，此為宋代文人魏閑的墓誌，所以 形為「魏」字，應無異議。《北京圖書館藏中國歷代石刻拓本彙編》一書向來以編寫精良著稱，但畢竟成自眾人之手，偶有疏誤也在情理之中。而

291

圖 5　虞寅古文墓誌蓋銘　　　　圖 6　重慶酉陽所見古書

專門研究宋代篆文變易現象的幾位學者也將此誌稱作「香君墓誌」，誤從釋「香」說，似乎就顯得有些疏忽了。

　　古文印章亦屬於傳抄古文材料的重要組成部分。由於印章文字與常見的小篆區別明顯，所以人們給出的釋文更是錯誤迭出，有時名家、名譜亦不免有誤。如汪啟淑所輯《飛鴻堂印譜》，堪稱精良，被後人譽為「至美之三堂印譜」之一。汪氏本人又是篆刻名家，但是該印譜收錄古文印所附釋文亦有錯誤。如其收錄了一枚黃呂所刻的古文印，印文參圖8，筆劃頭粗尾細，屬於典型的古文寫法。印譜所附釋文作「痛知音之誰與」。印文前四字與小篆寫法接近，容易辨識，所釋不誤。而第五、六

圖 7　魏閑古文墓誌蓋銘　　　圖 8　《飛鴻堂印譜》所收古文印

兩字釋成「誰與」是不正確的。《古文四聲韻》中「難」字古文作，「遇」字古文作，後者為「禺」字，在古文中假借為「遇」。這兩個形體與印文中最後兩個字完全相同，可見印文當釋作「痛知音之難遇」。以文例觀之，舊釋「痛知音之誰與」顯然不及改釋後「痛知音之難遇」通順，且新釋有典籍用例可循。曹丕《與吳質書》：「昔伯牙絕弦於鍾期，仲尼覆醢於子路，痛知音之難遇，傷門人之莫逮。」印文內容當出自此處。

　　上面談到了研究中存在對古文不夠重視的現象。其實藝術創作上也是如此。古人很重視古文的藝術價值，古人的石刻、墓誌、銅器、書畫、印章等很多藝術作品中都大量使用了傳抄古文形體。而我們今天的書法、篆刻藝術幾乎看不見傳抄古文的影子。篆書、草書、隸書、楷書都是書法家及愛好者專攻的書體，但是目前的書法界幾乎找

不到擅長傳抄古文的書法創作者和愛好者。篆刻界也是如此,古文字、小篆、隸書等入印都是常見現象,較為繁縟的鳥蟲書,都有篆刻者專門使用,而藝術性極強的傳抄古文形體則很少出現在印文上,這是需要改進的地方。

反思以上種種,學者以及文人之所以有時會忽視傳抄古文材料,主要有兩方面的原因。一是古文形體較為奇特,與一般常見的小篆等文字差異明顯,不易辨識,在認識和使用上都有一定難度,這便導致人們對古文材料的認識不足。另一個原因是從事傳抄古文研究的學者過少,致使這一方向普及性不強。2016 年習近平總書記在哲學社會科學工作座談會上講話指出:

> 要重視發展具有重要文化價值和傳承意義的「絕學」、冷門學科。這些學科看上去同現實距離較遠,但養兵千日、用兵一時,需要時也要拿得出來、用得上。還有一些學科事關文化傳承的問題,如甲骨文等古文字研究等,要重視這些學科,確保有人做、有傳承。

古文字學本身就屬於冷門學科,而傳抄古文在古文字學中又屬於冷門方向,很少有人願意選擇這一方向展開研究。隨着近年來國家的重視與提倡,古文字研究者逐漸增多,已經開始向着繁榮的方向發展。而傳抄古文的研究者,並沒有明顯的增加。其實,大家在重視出土古文字資料的同時,也應充分意識到傳世古文字資料的價值,多從事此方向的工作,從而推進學術研究的進展,並加強該領域的普及化與大眾化。所以,我們對傳抄古文材料的認識、了解還應進一步加強。

古文材料值得深入挖掘

總體來看，對古文材料的研究與利用還可更加深入。首先，從研究主體看，應當有更多的人參與到古文研究與使用當中。只有研究者增加了，疑難問題才會被逐漸解決，古文資料才會更加普及。我們看到近年來已有很多學生願意選擇傳抄古文作為自己碩士或博士論文選題，並以此為研究對象，這是值得鼓勵的。其次，從研究方式上看，應該建設古文電子資料庫。科技的進步促進研究方法的更新，利用大數據、雲平台建立資料庫對於古典文獻研究已是大勢所趨。出土古文字資料如甲骨文的資料庫建設已在進行之中。同樣道理，也應建立傳抄古文資料庫，如此才能最大限度地發揮出材料自身的價值。再次，從研究範圍上看，需對印章等散見的古文材料進行蒐集、研究。大宗古文材料如《汗簡》《古文四聲韻》等已有很多學者關注，古文碑刻的整理與研究工作我們已經完成，會很快出版，但古文印章等材料目前還缺少集中的蒐集與研究，這項工作是對以往的總結，其有助於了解古代的社會風氣、文化現象、文人心理等，同時也可為今人治印提供借鑒。最後，從藝術創作上看，應該更加重視古文材料。古代的石刻、銅器、璽印、書畫等藝術創作，都大量使用古文，其藝術效果獨特鮮明；而現今的書畫、璽印作品中很少能見到古文。任重道遠，我們有責任將祖國的優秀文化傳統繼承並發揚光大。

古文字是中國傳統文化的基因與載體。近年來，國家提倡保護和發展具有重要文化價值和傳承意義的「絕學」，並重點強調發展古文字等「冷門」學科。這既肯定了傳統文化的價值，也給予學界莫大的鼓勵。在如此良好的環境下，我們應當充分了解、認識並利用傳世古文字資料，

儘量吸收它的學術養分，極力發掘它的藝術內涵，使其能為弘揚優秀傳
統文化、增強文化自信發揮力量。

（作者係國家社科基金項目「傳抄古文整理與研究」負責人‧吉林大
學教授）

從考古看中國

全國哲學社會科學工作辦公室 編

責任編輯　李茜娜
裝幀設計　譚一清
排　　版　黎　浪
印　　務　劉漢舉

出版　　中華書局（香港）有限公司
　　　　香港北角英皇道 499 號北角工業大廈一樓 B
　　　　電話：（852）2137 2338　傳真：（852）2713 8202
　　　　電子郵件：info@chunghwabook.com.hk
　　　　網址：http://www.chunghwabook.com.hk

發行　　香港聯合書刊物流有限公司
　　　　香港新界荃灣德士古道 220-248 號
　　　　荃灣工業中心 16 樓
　　　　電話：（852）2150 2100　傳真：（852）2407 3062
　　　　電子郵件：info@suplogistics.com.hk

印刷　　泰業印刷有限公司
　　　　大埔工業邨大貴街 11 至 13 號

版次　　2023 年 7 月初版
　　　　© 2023 中華書局（香港）有限公司

規格　　16 開（230mm×160mm）

ISBN　　978-988-8860-55-5

本書中文繁體字版由中華書局（北京）授權出版